Conexiones
Bryce Hedstrom

The readings in Bryce's new book excite a different kind of reader: the child who spends hours curled up with a magazine like *Ranger Rick*, *Popular Science* or *National Geographic*. This book rounds out a classroom library by focusing on interesting non-fiction that is comprehensible to novice learners of Spanish. Whether offered as an independent reading selection, read in small groups or part of a whole-class reading activity, these readings are a necessary complement to the fiction that is central to my classes.
   —**Mike Peto**, teacher and author, My Generation of Polyglots Blog, mrpeto.wordpress.com
      San Diego, California

Conexiones is a treasure trove of short, easy, amply-illustrated readings in Spanish about real things, places, animals, customs and history in the Spanish-speaking world, including even some general science. The book is divided into three sections: (1) readings for first-year students, (2) readings for second-year students and (3) the *Diccionario cultural y geográfico de Latinoamérica*, a concise eclectic encyclopedia of things, places, animals, customs and history in Latin America. To my knowledge there is nothing else available at these levels of Spanish that is comparable to either the readings or the dictionary. Every Spanish teacher should welcome these short readings and the dictionary, which can be used in a variety of ways. Particular readings can be taught or assigned. The whole book can be available to students to pick and choose what they are interested in reading. The dictionary can be a source of useful information at any time. We are fortunate that *Conexiones* exists. It should be an essential part of every Spanish teacher's repertoire. Ideally, every Spanish student should have a copy.
   —**Contee Seely**, Publisher, Command Performance Language Institute,
      Co-author of *Fluency Thru TPR Storytelling*, with Blaine Ray
      Berkeley, California

Bryce Hedstrom has created exactly what my Content-Based Storytelling seminar participants have been requesting for over a decade - nonfiction readings that are comprehensible to beginning students AND designed to learn more about the target culture. You get two for the price of one. ¡Bravo!
   —**Janice Holter Kittok**, Teacher trainer, www.Educatorin Service.com
      Minneapolis, Minnesota

These short texts will infuse any Spanish curriculum with thought provoking input about history, culture, geography and science. Bryce writes about things that inspire curiosity and captivate the imagination. They are a good base from which you can have personalized conversations with students and even use them as the backdrop or inspiration for a story.
   —**Faith Laux**, teacher and teacher trainer
      Winnetka, Illinois

I love the concept here! Non-fiction pieces especially of this size and level are few; this is a great addition to available reading resources. I love the level and length of each story. These cultural connections are sometimes hard to weave into lessons, but this offers an easy way to provide tangible enrichment for beginning students.
   —**Virginina Hildrebrand**, author and teacher, 1goodstory.net
      Saint Paul, Minnesota

Conexiones
Bryce Hedstrom

This collection of readings is a valuable beginning level resource for the CI classroom. It represents a way to broaden the variety of reading topics we can offer to our beginning students, by recycling (as well as extending) vocabulary and structures in new contexts to meet cross-curricular and culture standards. A great CI classroom addition.
   —**Doug Stone**, Spanish teacher & teacher trainer, St. John's Lutheran School of Orange
     Orange, California

Thank you, Bryce Hedstrom, for writing and compiling this great collection of readings about the Spanish-speaking world. It is refreshing to find content-based material written so clearly and comprehensibly— accessible even for beginner and intermediate students. Readers will not only make gains in their Spanish, but will learn a lot of interesting stuff in the process. I can't wait to share these readings with my students. They are going to love them.
   —**Elissa McLean**, Founder & Director, Expressfluency.com

Conexiones is a book with a larger story written behind it: a teacher works diligently to create compelling cultural materials for his Spanish classes because he wants his students to make connections across disciplines, across the globe and across time, even as they acquire Spanish. Story by geographic story, the work grows into a fascinating book, comprehensible for novice learners with extra readings for more advanced students. No one else has yet ventured into this territory, and I read this book with fascination, dreaming about using it with my own students. If you want to see how TPRS naturally works for conveying history, science and culture, try this out for yourself and for your students!
   —**Gerry Wass**, Spanish, French, Italian & Mandarin teacher, Purdy, Missouri

I have implemented many of these nonfiction articles in my Spanish classroom. The students find them engaging, interesting, motivating and very educational. These articles incorporate culture, history, geography and science into the Spanish classroom. By using these articles the students will increase their Spanish vocabulary, proficiency and cultural knowledge of the Spanish speaking world. ¡Gracias Bryce!
   —**Julie Cashin**, Spanish teacher, Stillwater, MN

Some of my absolute favorite CI resources are the 1-2 page cultural materials from Bryce Hedstrom all in high-frequency language appropriate for my Spanish 1 and Spanish 2 students. I love to incorporate them into my curriculum on a regular basis and use them as "starting points" for organic conversation with my students while connecting with other content areas and getting in some solid culture instruction.
   —**Jillane Baros**, teacher

Wow! *Conexiones* provides an essential resource of interesting and accessible Spanish articles for both teachers and language learners! Teachers have the option of including the reader in our FVR libraries, using specific readings as a complementary part of the year's curriculum, or ... both!
   —**Diane Chamberlain**, Spanish teacher and professor, Laramie, Wyoming

CONEXIONES:
Making Connections with the Spanish-Speaking World

Fourth printing, November 2018

Bryce Hedstrom

Maps & Illustrations by Bryce Hedstrom

Cover art design by POL

For Beginning to Advanced Beginning Readers of Spanish

Brycehedstrom.com

Conexiones
Bryce Hedstrom

Copyright © 2016 by Bryce Hedstrom
Second printing, 2017
Third printing, April 2018
Fourth printing, November 2018

All rights reserved. No part of this book may be copied or reproduced, with the exception of press releases and short excerpts, without the express written permission of the author.
Thank you for respecting authors' rights.

Illustrations, Maps, & Text by Bryce Hedstrom
Cover art design by POL

ISBN: 978-1-945235-10-8

Published by
Hedstrom Language Resources, LLC, Loveland, Colorado
Printed in USA

970-290-4227

contact@brycehedstrom.com • www.brycehedstrom.com

Conexiones
Bryce Hedstrom

Dedication

This book is dedicated to my parents who subscribed to *National Geographic, Smithsonian, Colorado Outdoors, Western Horseman, Reader's Digest,* and so many other publications, and then had the good sense to leave them in stacks around the house for my brothers and me to read. My imagination was ignited and I learned to love the far-flung places of the world by browsing through those magazines and looking at the maps and pictures. Thanks, Mom and Dad, you did it right. I'm passing it on.

Thanks to Contee Seely for your wisdom, guidance, encouragement and friendship.

Thank you Nelly Hughes for proofreading.

Teachers: **The more words our students read, the more language they will acquire.** There are a total of 22,300 Spanish words in the text of this book. Students will pick up all kinds of vocabulary as they browse through these articles that are written in simplified language with engaging content.

See the accompanying ***Conexiones Teacher Resource*** which contains activities and assessments that support the readings in this book for occasional assignments, checks for understanding or quizzes.

Conexiones
Bryce Hedstrom

Conexiones
Bryce Hedstrom

CONTENTS

Introduction 1

Beginner Readings
(5,000 words)

Animales de Latinoamérica 5
  Map with illustrations of animals found there (80 words)

¿Español o castellano? 6
  Two languages or one? (190 words)

¿Quieres comer cuy? 7
  It doesn't taste like chicken (530 words)

Cómo ver un eclipse de sol 9
  A low tech way to do it right (150 words)

El chupacabras 10
  Latin America's version of Bigfoot, sort of (630 words)

Los países megadiversos 12
  You want diversity? How about megadiversity? (210 words)

El jaguar 13
  Endangered and expanding its range at the same time (290 words)

La bandera de México 14
  What's that drawing on Mexico's flag? (450 words)

La mano del desierto 16
  Massive artwork where you would least suspect it (270 words)

Teotihuacán 18
  Mexican pyramids that were old even to the Aztecs (390 words)

La Carretera Panamericana 20
  The longest road in the world (370 words)

El gran intercambio de Colón 21
  Where did our food and animals come from? (630 words)

Conexiones
Bryce Hedstrom

Ecuador **26**
A small country where you can experience four seasons in one day (1,100 words)

Advanced Beginner Readings
(9,300 words)

El Castillo **33**
This "castle" is a pyramid and an awe-inspiring calendar in stone (610 words)

Animales de Las Islas Galápagos **35**
The animals found here are like nowhere else (1,230 words)

La Virgen de Guadalupe **39**
This image changed the religion and culture on two continents (1,390 words)

La historia del Cinco de Mayo **43**
More than waving flags and drinking Mexican beer. Way more. (1,470 words)

La historia de Cristóbal Colón **48**
The real story is better than the one you learned in school (2,300 words)

¿Por qué existen las estaciones? **55**
Hint—It's not because we're closer to the sun (500 words)

¿Cómo sabemos que la tierra es redonda? **57**
Could you prove the earth was round without technology?
Just by observation and logic? You will after reading this. (1,800 words)

Diccionario cultural y geográfico de Latinoamérica **65**
This illustrated Spanish dictionary fills in the gaps the articles have missed
(8,000 words)

(22,300 total Spanish words in this book)

Glosario **97**
Almost every word found in this book is translated into English for you here

About the Author **102**

Conexiones
Bryce Hedstrom

INTRODUCTION

Donalyn Miller, author of *The Book Whisperer,* says, *"Strong readers have lots of reading experiences. You need to be a good all-around reader."* Encouraging students to read widely, to have lots of reading experiences, is what this book is about. Students need to sample reading from every genre. It will improve their reading ability by expanding their reading experiences.

This book is filled with short articles that will help students understand the Spanish-speaking world. My students have enjoyed these readings and I bet others will too. One component that ties every article together is geography. If we don't know where things are we will have a harder time putting the pieces together and understanding the connections between people, places and events; so nearly every article has a map showing where the subject is in relation to the rest of the world.

There are not enough comprehensible and interesting reading materials in beginning Spanish for the student that enjoys browsing through magazines like National Geographic. I learned a lot from that kind of light interesting reading when I was a kid and I am betting that there are plenty of students that will enjoy reading those kinds of articles today. Short articles like the ones in this book can fill that gap.

Skip Around or Read Straight Through
Each article is independent and can be read alone. They can also be read sequentially because the reading level increases throughout the book. There is no particular order other than by the labeled reading level. There is plenty of help in the form of glossing on the page or in a glossary at the end of the article, so almost everything is accessible to Spanish students in at every level.

Each article is meant to be bite-sized; they are easily digestible in one setting. Students will find them comprehensible and interesting. Most are written with the most common verbs in Spanish and with many cognates.

These are some of the most important and interesting places, things and events in the Spanish-speaking world—they should be part of every complete beginning series of Spanish language courses. Even where the reading level is easier, the content may be new, so students will learn something from every piece either popular and intriguing areas of the geography, history and folklore of the Spanish-speaking world.

Conexiones
Bryce Hedstrom

Conexiones
Bryce Hedstrom

CONEXIONES

Beginning Level Readings

Conexiones
Bryce Hedstrom

Conexiones
Bryce Hedstrom

CONEXIONES CON... LA GEOGRAFÍA, LA BIOLOGÍA, LA ECOLOGÍA y EL TURISMO

ANIMALES DE LATINOAMÉRICA

Hay muchos animales únicos en Latinoamérica, animales que no existen en otras partes de mundo.

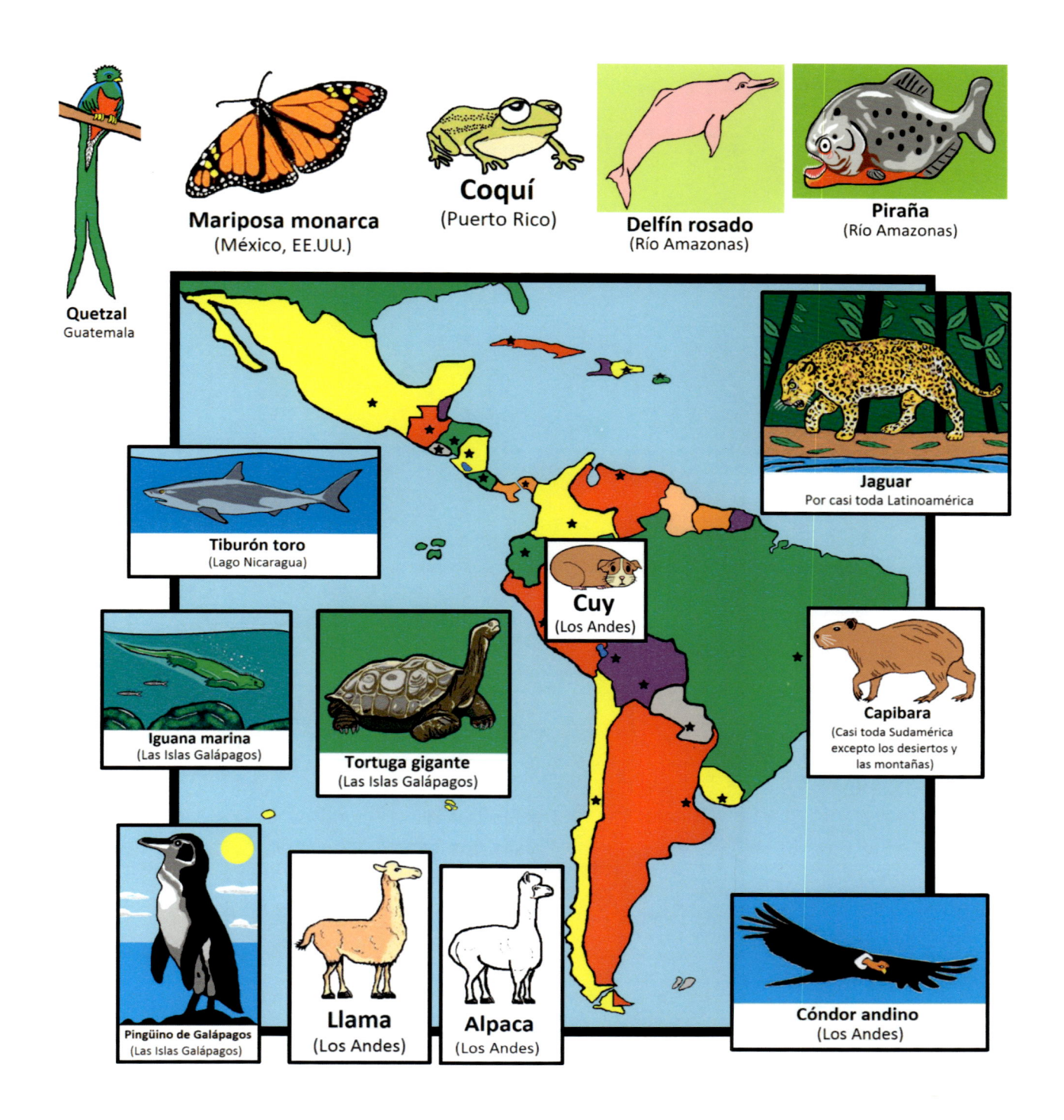

Quetzal
Guatemala

Mariposa monarca
(México, EE.UU.)

Coquí
(Puerto Rico)

Delfín rosado
(Río Amazonas)

Piraña
(Río Amazonas)

Tiburón toro
(Lago Nicaragua)

Jaguar
Por casi toda Latinoamérica

Iguana marina
(Las Islas Galápagos)

Tortuga gigante
(Las Islas Galápagos)

Cuy
(Los Andes)

Capibara
(Casi toda Sudamérica excepto los desiertos y las montañas)

Pingüino de Galápagos
(Las Islas Galápagos)

Llama
(Los Andes)

Alpaca
(Los Andes)

Cóndor andino
(Los Andes)

Conexiones
Bryce Hedstrom

CONEXIONES CON... LA GEOGRAFÍA, LA HISTORIA y LA LINGÜÍSTICA
¿ESPAÑOL O CASTELLANO?

¿Hablas castellano? En España, y en muchas partes del mundo donde se habla español, hay dos palabras para nombrar la lengua: *español* y *castellano*. El español viene de España y el castellano también. Son la misma lengua, pero la gente en diferentes partes prefiere usar nombres diferentes.

Hay una región en la parte central de España que se llama Castilla. En el año mil cuatrocientos noventa y dos *(1492)* el rey y la reina de España le dieron dinero a Cristóbal Colón para explorar el océano.

El rey y la reina se llamaban Fernando e Isabel. Ellos también eran los Reyes Católicos. Ellos eran de Castilla, y por eso los primeros conquistadores también eran de Castilla. Los conquistadores usaron la palabra *castellano* para su lengua. La palabra *español* viene de todo el país de España.

Clave:
- Países que usan "español"
- Países que usan "castellano"
- Áreas que usan las dos palabras
- Países que no hablan el español

En realidad, el español y el castellano son la misma lengua. En algunos países en Latinoamérica la gente prefiere usar el nombre castellano, y en otros, español. En España hay grupos de personas que usan las dos palabras para hablar de su lengua principal, así que en el mapa arriba España aparecen en anaranjado.

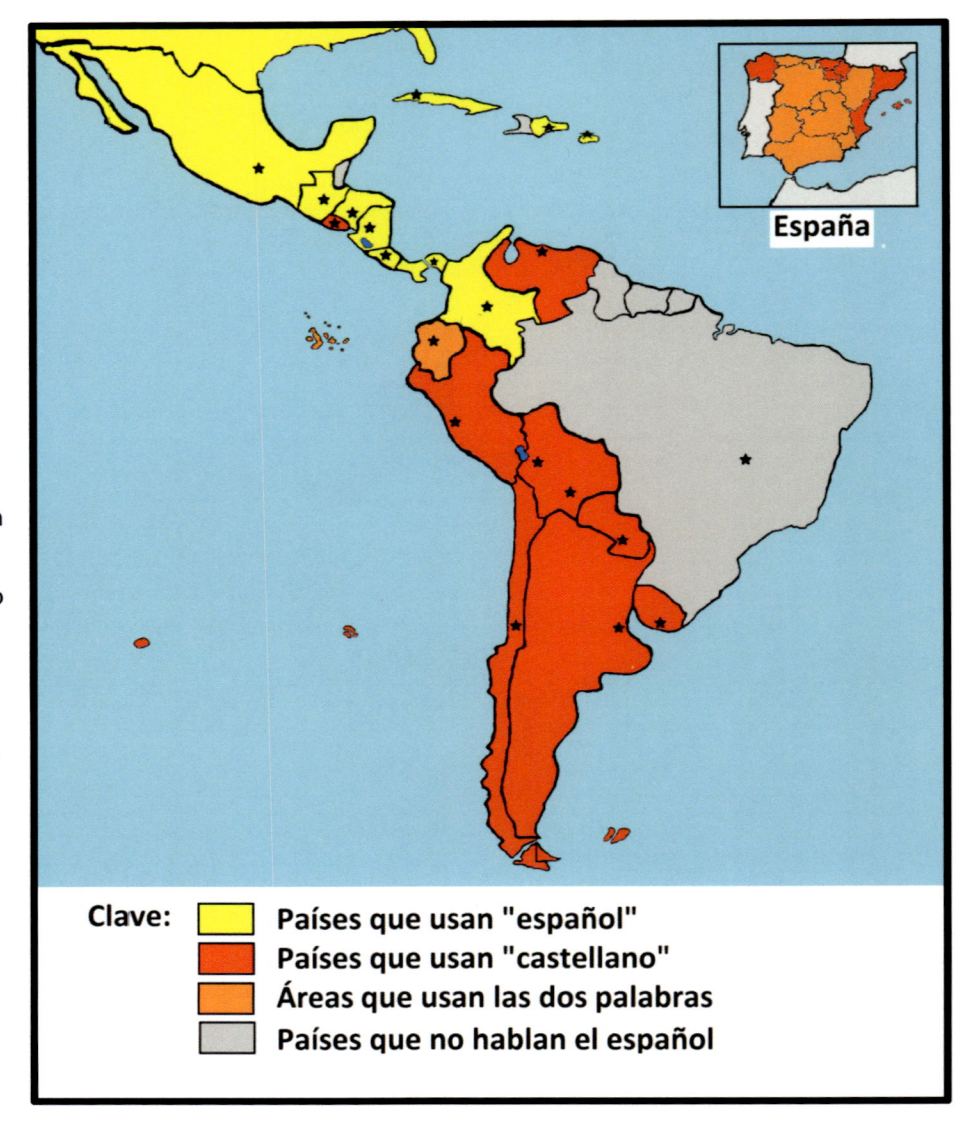

CONEXIONES CON... LA GEOGRAFÍA, LA HISTORIA, LA COMIDA, LA CULTURA POPULAR y LA AGRICULTURA SOSTENIBLE

¿QUIERES COMER CUY?

Quizás tú tenías un cuy como mascota cuando eras niño. Tu cuy vivía en una jaula pequeña y a veces tú jugabas con él. Probablemente nunca pensabas en comer tu cuy, pero hay personas que los comen. ¡Sí! Hay personas que comen los cuyes. Y cada vez se comen los cuyes más y más en los restaurantes de los Estados Unidos, dónde el cuy es considerado una comida nueva y exótica.

Pero comer cuy no es una cosa nueva en Sudamérica. El cuy fue domesticado hace más de tres mil (3.000) años en los Andes. Y para la gente andina el cuy todavía es un animal muy popular. Hay cuyes en muchas casas de la gente indígena en los Andes. Son mascotas, pero también son comida.

Antes, el cuy era considerado una comida solamente para la gente indígena, pero hoy se puede encontrar el cuy en el menú de muchos de los mejores restaurantes en las grandes ciudades de Latinoamérica. Y ahora esta comida viene a los Estados Unidos.

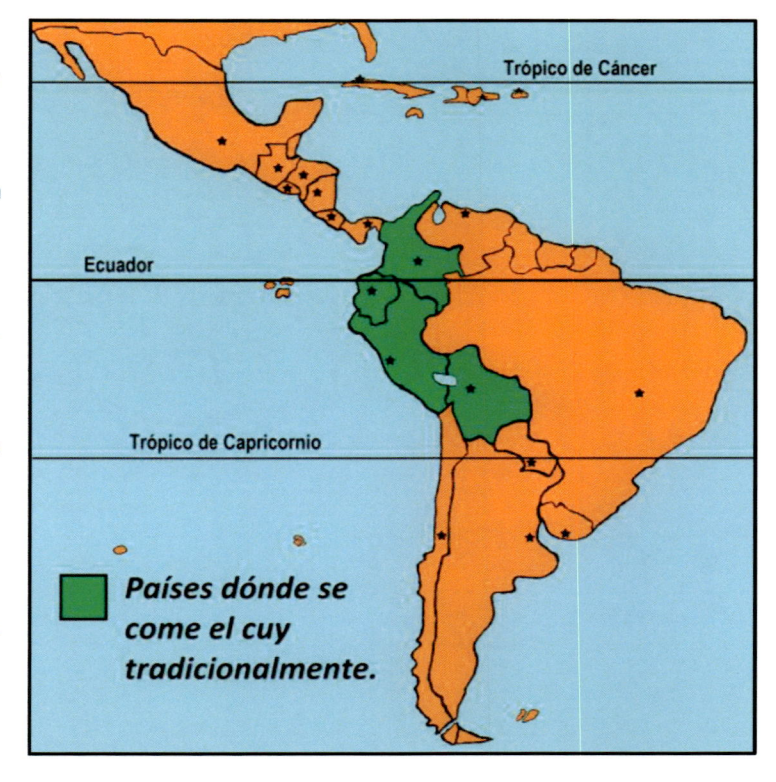

En los restaurantes sudamericanos en las dos costas de los EE. UU., es más y más común ver cuy en el menú. Los inmigrantes de los países andinos (como Bolivia, Perú, Colombia y Ecuador) quieren comerlos. En estos restaurantes comer cuy es popular y cuesta mucho dinero. En un restaurante elegante en Nueva York o Los Ángeles un plato especial con cuy puede costar cincuenta o sesenta dólares. Los cuyes también se llaman conejillos de indias o cobayos.

Según los activistas de la agricultura sostenible, comer los cuyes puede ser bueno para la tierra. La carne de cuy puede ser una alternativa a la carne de vaca. Y la carne de cuy cuesta mucho menos. Comparados con las vacas, los cuyes no comen mucho, no beben mucha agua y no necesitan mucho espacio para vivir. Por eso, comer cuy puede ser una alternativa económica a otros tipos de carne para la gente pobre de Ecuador, Perú y otros países.

La carne de vaca, por ejemplo, cuesta mucho más porque las vacas no son tan eficientes en convertir la comida en carne. Una vaca necesita ocho libras de comida para hacer una libra de carne. Pero un cuy necesita solamente la cuatro libras. Con solamente cuatro libras de comida, un cuy puede producir una libra de carne.

Una organización humanitaria que se llama *Heifer International* de Little Rock, Arkansas, EE. UU. quiere que la gente de Latinoamérica produzca más carne de cuy para ayudarle económicamente. La organización quiere que la gente tenga más granjas pequeñas de cuyes. Una granja pequeña de cuyes puede ser perfecta para una familia. Una granja de cuyes que consista solamente de dos machos y veinte hembras puede producir carne sosteniblemente para una familia de seis personas.

Los que comen cuy dicen que es delicioso y que realmente no sabe a otra carne. No sabe a pollo. Dicen que es más como una combinación de puerco y conejo.

Quizás en el futuro vamos a ver restaurantes de comida rápida que sirvan cuy en vez de pollo. Hay muchas posibilidades: ¿*Kentucky Fried Cuy*? ¿*El Cuy Asado*? ¿*El Cuy Loco*? ¿*Los Cuyes Hermanos*? ¿Qué piensas tú?

Sources: http://www.npr.org/blogs/thesalt/2013/03/12/174105739/from-pets-to-plates-why-more-people-are-eating-guinea-pigs
http://hoy.com.do/el-cuy-un-plato-milenario-que-sorprende-en-los-mejores-restaurantes-de-peru/

CONEXIONES CON... LAS CIENCIAS, LA ASTRONOMÍA y EL MUNDO NATURAL
CÓMO VER UN ECLIPSE DE SOL

Los eclipses de sol totales son raros, pero los eclipses parciales de sol pasan frecuentemente. Se necesitan solamente dos hojas de papel parar ver un eclipse parcial. Ver el sol directamente durante un eclipse total o un eclipse parcial es muy peligroso, pero se puede ver un eclipse con solamente dos hojas de papel.

Haz un hoyo pequeño en uno de los papeles.

¡IMPORTANTE!
→ ¡No veas el sol por el hoyo!

Levanta la mano derecha y repite:

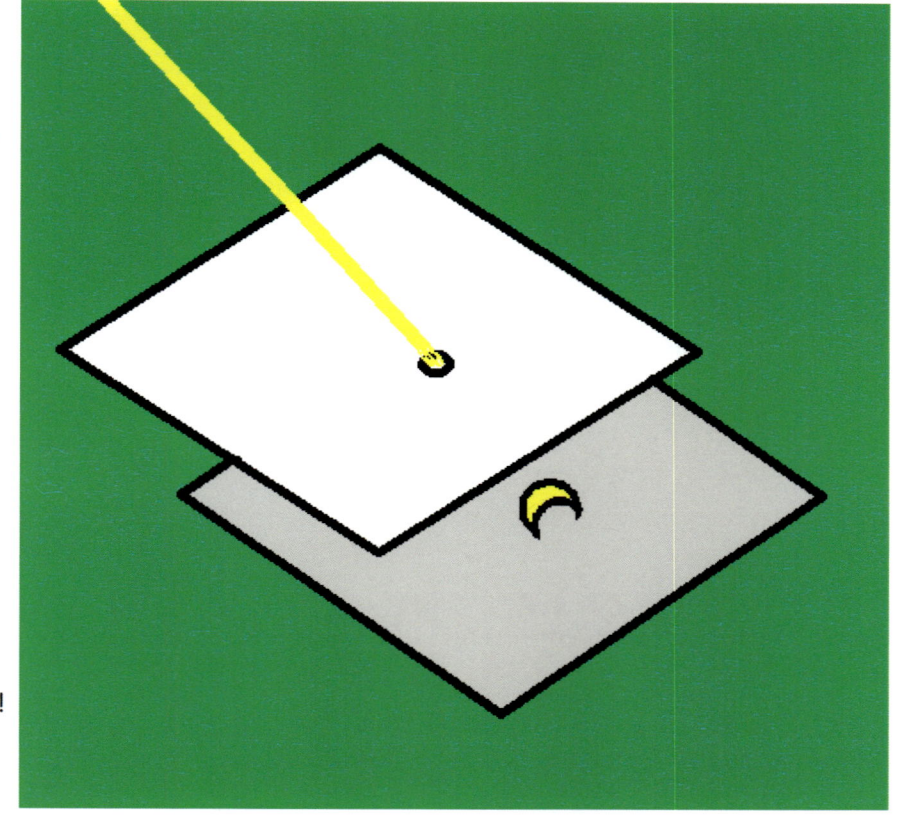

"**No voy** (No voy)... **a ver** (a ver)... **el sol** (el sol)... **por el hoyo** (por el hoyo)."

Si ves el sol directamente, la luz le puede hacer daño a tus ojos.

Deja que la luz del sol brille por el hoyo. Mueve el otro papel debajo del papel con el hoyo.

La imagen del eclipse va a aparecer en el otro papel. Mueve el papel un poco más para enfocar la imagen.

It is always gratifying to teach students some concepts and skills that they may have missed in other subject areas—and to do it in a second language! We have actually done this eclipse-watching activity with novice Spanish students. The instructions were given, discussed, checked and re-checked for understanding and then we all went outside to experiment with the low-cost, low-tech eclipse watching equipment. No eye damage yet!

CONEXIONES CON... LA GEOGRAFÍA, LAS LEYENDAS URBANAS y LA CULTURA POPULAR

EL CHUPACABRAS:
El monstruo misterioso de Latinoamérica

¿Qué es el chupacabras?

El chupacabras es un monstruo misterioso de la América Latina. Nadie sabe qué es. Es un animal de misterios en Latinoamérica, similar a la leyenda de *Bigfoot* en los Estados Unidos y Canadá. El famoso monstruo *Bigfoot* tiene su nombre por sus pies grandes, pero el chupacabras tiene su nombre por algo más terrible: animales muertos. El nombre del chupacabras viene de su tendencia de chupar, como un vampiro, la sangre de las cabras y otros animales. La gente dice que este animal misterioso ha atacado cabras, ovejas, puercos, gatos, perros, patos y gallinas. El animal viene en la noche y chupa la sangre de animales pequeños. Los latinoamericanos dicen que el chupacabras es responsable por la mutilación y la muerte de muchos animales—especialmente en los países dónde se habla el español.

¿Cómo es?

Hay muchas descripciones del chupacabras, pero casi todas dicen que es un monstruo sin pelo y de color verde. Parece un reptil grande, o una combinación de un perro con un dinosauro. Tiene dientes largos y terribles ojos rojos. Es del tamaño de un perro grande. Tiene piernas cortas fuertes y garras largas. Tiene espinas largas en la espalda. A veces dicen que anda en dos pies y que puede saltar como un canguro. Algunos dicen que puede volar, y que por eso debe tener alas. La gente cree que vive debajo de la tierra, en cuevas, y por eso es difícil encontrarlo. Nunca ha atacado a una persona, pero todos le tienen miedo porque el monstruo parece muy fuerte, feroz e inteligente.

¿Cuándo y dónde apareció?

Reportes de *Bigfoot* en los Estados Unidos, y del monstruo de *Loch Ness* en Escocia, han existido por siglos, pero el chupacabras es un monstruo relativamente nuevo. Los primeros reportes del chupacabras fueron en la isla de Puerto Rico en el mes de marzo del año mil novecientos noventa y cinco *(1995)*. Había ocho cabras y ovejas muertas, pero lo que era diferente fue que ninguna de ellas tenía sangre. Un animal o un monstruo había atacado los animales. No los había comido, pero aparentemente les había chupado la sangre porque a ninguno de los pobres animales les quedaba sangre. Después, hubo más y más reportes de animales muertos en Puerto Rico. Al final hubo más de dos mil ataques en el año 1995, todos muertos y sin sangre.

La isla de Puerto Rico ←

El rojo indica los países o áreas donde han visto el chupacabras

Por aproximadamente cinco años solamente hubo reportes del chupacabras en Puerto Rico, pero poco a poco empezaron a haber reportes de más ataques en México, Nicaragua y Florida. y después hubo ataques en Chile y en Argentina. Aunque muchas personas creen que el chupacabras es nada más una leyenda, todavía hay reportes de animales muertos por todo el mundo hispano. Recientemente hay más y más reportes de ataques en los Estados Unidos, especialmente en Tejas y en Nuevo México. También hay reportes recientes de ataques en España y en las Filipinas.

¿Qué puede ser el chupacabras?

¿Qué es el chupacabras? Nadie sabe de dónde exactamente vino el chupacabras, pero muchos latinoamericanos creen que fue el resultado de un experimento científico secreto de los Estados Unidos en la selva de Puerto Rico. Hay bases militares de los EE. UU. en la isla, y posiblemente el chupacabras es un mutante que escapó de un laboratorio.

Algunos creen que es un extraterrestre porque su apariencia es muy diferente y porque muchas veces hay reportes de luces en el cielo que acompañan los ataques de los chupacabras. Otros insisten que los ataques vienen solamente de grupos de perros o coyotes enfermos y sin pelo. También pueden ser gatos grandes, similares a los jaguares.

Posiblemente la leyenda del chupacabras es popular porque es un símbolo de un mundo en confusión. ¿Qué piensa Ud.?

El fin.

CONEXIONES CON... LA GEOGRAFÍA, BIOLOGÍA, ECOLOGÍA y MATEMÁTICAS
LOS PAÍSES MEGADIVERSOS

Los países megadiversos son un grupo de países que tienen más biodiversidad que otros países en la tierra. Un país megadiverso es uno que tiene muchos animales y plantas únicos. Son importantes por la gran cantidad de información genética y cultural que contienen. Estos países pueden servir como un banco de información genética para ayudar a todo el mundo. Pueden conservar la diversidad genética y cultural del planeta. Pueden ayudar con la medicina y la agricultura por la gran variedad de vida que contienen.

Las Naciones Unidas han identificado diecisiete países megadiversos. Principalmente son países tropicales, como los de América Latina y los del sureste de Asia. Los países megadiversos tienen más de setenta por ciento (70%) de la biodiversidad del planeta, pero ocupan solamente diez por ciento (10%) del área de la tierra.

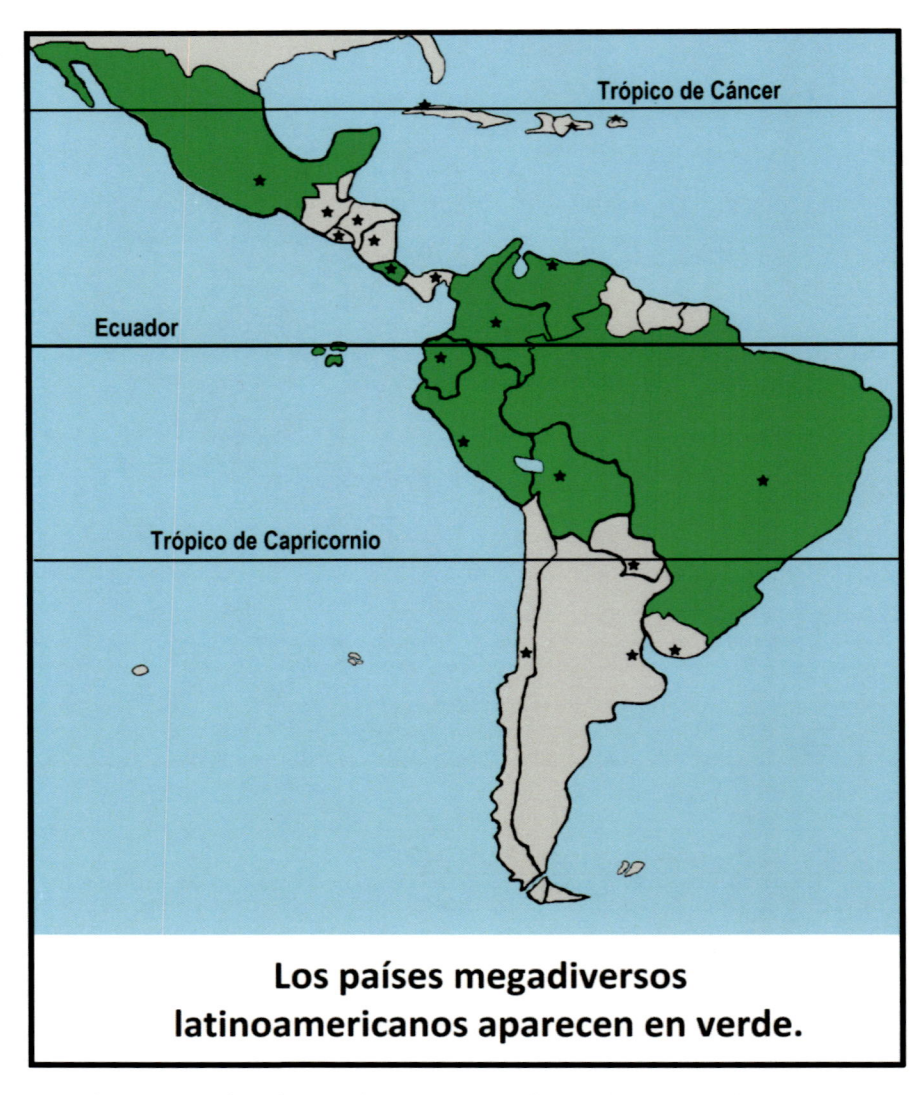

Los países megadiversos latinoamericanos aparecen en verde.

En el año dos mil dos (2002) se formó la **Organización de Países Megadiversos Afines** *(Like-Minded Megadiverse Countries, LMMC)*. Los miembros del LMMC son los países más ricos en la diversidad biológica y también en el conocimiento tradicional asociado con la biodiversidad. Hay diecisiete miembros de los LMMC. Son, en orden alfabético, Bolivia, Brasil, China, Colombia, Costa Rica, la República Democrática del Congo, Ecuador, India, Indonesia, Kenia, Madagascar, Malaysia, México, Perú, las Filipinas, Sudáfrica y Venezuela

CONEXIONES CON... LA GEOGRAFÍA y LA BIOLOGÍA

EL JAGUAR

El jaguar es un gato grande con manchas que vive en casi toda Latinoamérica. El hábitat del jaguar se extiende desde el estado de Arizona, en el sur de los Estados Unidos, pasando por el centro de México y Centroamérica, hasta Paraguay y el norte de Argentina. Aunque normalmente vive en el bosque, el jaguar puede vivir en muchos lugares diferentes. Si hay agua y no hay muchas personas el jaguar puede vivir allí. Los jaguares no viven en montañas altas, ni en desiertos muy secos. Pero son muy adaptables: pueden andar en la tierra, pueden nadar en el agua y pueden subir a los árboles.

El jaguar se parece al leopardo de África, pero es más grande y más fuerte. Es compacto y tiene muchos músculos como un león, pero es más pequeño que un león. Tiene piernas cortas y fuertes. Puede saltar muy alto y puede atacar animales medianos como caimanes, capibaras, venados y anacondas. El jaguar también come animales pequeños como ratas y ranas. Puede matar a animales grandes como vacas y caballos. La boca del jaguar es tan fuerte que puede matar a un animal por morder la cabeza. Puede pulverizar los huesos con su boca.

Generalmente los jaguares son animales solitarios. Viven solos y no van en grupo. A veces hay jaguares negros. Aun así son jaguares, pero los jaguares negros se llaman panteras o panteras negras.

El jaguar era un símbolo muy importante para la gente precolombina de Latinoamérica a causa de su gran poder. Los aztecas, por ejemplo, tenían una clase de guerreros muy buenos que se llamaban *Guerreros Jaguares*.

El hábitat del jaguar se extiende desde Argentina hasta Arizona. Este animal feroz está en todos los países latinoamericanos excepto uno.

CONEXIONES CON... LA GEOGRAFÍA y LA HISTORIA
LA BANDERA DE MÉXICO

La bandera de México es diferente a las banderas de muchos otros países porque además de los colores, esta bandera contiene un escudo. Y el escudo de la bandera de México cuenta parte de la historia de la fundación de México por los aztecas.

Los colores de la bandera son verde, blanco y rojo. Cada color representa algo importante. El verde representa la esperanza; el blanco, pureza; y el rojo, la sangre de los héroes de la Independencia de México. Estos tres colores son comunes en las banderas de otros países, pero en el centro de la bandera de México también está el escudo.

El escudo de la bandera tiene tres partes importantes: 1) hay un águila con, 2) una serpiente en, 3) un cacto. El águila tiene la serpiente en la boca y está encima de un cacto. El dibujo es un símbolo importante porque los aztecas construyeron su ciudad más importante, Tenochtitlán, en el lugar dónde encontraron un águila comiendo una serpiente encima de un cacto.

Había una profecía de los aztecas que decía que ellos necesitaban construir su ciudad en el lugar donde vieran un águila, una serpiente y un cacto. Pero ellos no encontraron el águila, la serpiente y el cacto en un lugar normal. Los encontraron en una isla en medio de un lago.

Los aztecas no siempre vivieron en el valle de México. Vinieron del norte. Algunas personas creen que los aztecas vinieron del suroeste de los Estados Unidos, quizás de la región del estado de Colorado. Las leyendas aztecas dicen que ellos viajaron por muchos años desde el norte hacia el sur, y por fin llegaron al valle central de México.

En el centro del valle había un lago grande, que se llamaba el Lago de Texcoco. Fue en el centro del Lago de Texcoco donde los jefes de los aztecas vieron el águila, la serpiente y el cacto. Y allí construyeron Tenochtitlán.

México, D.F., el sitio de la ciudad capital vieja de los aztecas, Tenochtitlán.

La Ciudad de México, fue construida en el mismo lugar: sobre el lago, pero hoy en día el lago ya casi no existe. Hoy el lago es muy pequeño. Partes de la ciudad se hunden porque la fundación no es muy sólida.

El cacto en la bandera es un nopal, una planta que es muy común en México y en el suroeste de los Estados Unidos. Se puede comer el nopal. Es un ingrediente en muchos platos típicos mexicanos.

El Día de la Bandera de México es el veinticuatro de febrero. Es un día de fiesta nacional en el país. En ese día hay grandes celebraciones por todo el país.

El fin.

CONEXIONES CON... LA GEOGRAFÍA, EL TURISMO y EL ARTE
LA MANO DEL DESIERTO

La escultura gigante, *La Mano del Desierto,* queda a cuarenta y cinco millas al sur de la ciudad de Antofagasta, Chile.

En medio del Desierto de Atacama en Chile, el más seco del mundo, hay una escultura gigante de una mano. Se llama *La Mano del Desierto* y es una obra de arte del artista chileno *Mario Irarrázabal*. La mano gigante es probablemente la cosa más rara que se puede ver en el desierto. No hay nada cerca de la colosal escultura—no hay ciudades, ni tiendas, ni ríos, ni plantas en el área.

Irarrázabal hizo la escultura grande en el año mil novecientos noventa y dos *(1992)*. La escultura mide treinta y seis pies de alto y está hecha de cemento—es casi del mismo color que el desierto. Parece parte de la tierra gris y seca alrededor de la escultura.

A pesar del lugar, la mano es muy popular con los turistas en la Carretera Panamericana, la carretera más larga del mundo. No hay nada cerca de la mano, pero muchos turistas se detienen para ver y admirar la escultura monumental.

Irarrázabal dijo que hizo la mano de ese tamaño tan exagerado y la puso en el desierto para expresar la vulnerabilidad humana, la tortura, la injusticia y la tristeza. Se puede encontrar la escultura a cuarenta y cinco millas al sur de la ciudad de Antofagasta, Chile, al lado de la Carretera Panamericana.

El artista también tiene otra obra similar en una playa de la ciudad de Punta del Este, Uruguay, una ciudad muy popular con los turistas de Brasil, Uruguay y Argentina. Esta obra se llama *Monumento al Ahogado.* También es una mano gigante. Hay otras esculturas de Mario Irarrázabal en Madrid, España, y en Venecia, Italia.

El fin.

CONEXIONES CON... LA GEOGRAFÍA e HISTORIA

TEOTIHUACÁN:
Ciudad antigua y misteriosa

La ciudad antigua de Teotihuacán está a treinta millas al noreste de la Ciudad de México. Fue una de las ciudades más grandes del mundo precolombino. Nadie sabe quién la construyó, pero no fue construida por los aztecas. Fue construida y fue abandonada antes de que los aztecas llegaran ahí. Fue construida hace dos mil (2.000) años y fue abandonada hace mil cuatrocientos (1.400) años.

Los aztecas conocían la ciudad de Teotihuacán y la visitaban, pero nunca vivieron allí. Teotihuacán fue una ciudad misteriosa y sagrada para los aztecas. El nombre Teotihuacán viene de los aztecas y significa "lugar donde fueron creados los dioses".

La ciudad antigua de Teotihuacán, que tiene la Pirámide de la Luna y la Pirámide del Sol, era vieja aún en el tiempo de los aztecas. Nadie sabe quiénes la construyeron. El nombre *Teotihuacán* viene del náhuatl, la lengua de los aztecas, y significa "lugar donde fueron creados los dioses".

Los edificios más impresionantes de Teotihuacán son la Pirámide del Sol, la Pirámide de la Luna y el Templo de Quetzalcóatl. Todos los edificios fueron construidos según la lógica astronómica y corresponden al movimiento del sol y de la luna. La Pirámide del Sol también fue construida sobre una cueva y esto posiblemente significa que era una puerta al mundo que existía debajo de la tierra.

Las pirámides fueron solamente una parte de la ciudad de Teotihuacán, el resto fue diez veces más grande. La influencia de Teotihuacán se extendió por una gran parte de México y Centroamérica. Hay evidencia de la cultura y del arte de la ciudad en muchas partes. La ciudad fue destruida por el fuego aproximadamente en el año setecientos, mucho tiempo antes de que llegaran los aztecas.

El base de la Pirámide del Sol en México es igual al base de la Gran Pirámide en Egipto, pero la pirámide en Egipto es más alta.

La Pirámide del Sol en Teotihuacán, México y la Gran Pirámide en Egipto son casi iguales. La Gran Pirámide es más alta que la Pirámide del Sol, pero en sus bases, son iguales. En el dibujo de arriba, La Gran Pirámide está superpuesta a la Pirámide del Sol. Otra cosa similar es que las dos pirámides tienen que ver con la muerte. La Gran Pirámide fue una tumba y la Pirámide del Sol fue una entrada al mundo de los muertos que estaba debajo de la tierra.

¿Por qué hay pirámides tan grandes y tan similares en diferentes partes del mundo? Nadie sabe. Es un misterio.

CONEXIONES CON... LA GEOGRAFÍA e HISTORIA

LA CARRETERA PANAMERICANA

La Carretera Panamericana es el camino más largo del mundo. En realidad, la Carretera Panamericana no es un solo camino, sino muchos caminos conectados. Es un sistema de caminos que conecta los países del Hemisferio Occidental. Va desde Alaska en el norte hasta Argentina en el sur y mide más de dieciséis mil *(16.000)* millas de largo. Estados Unidos dio el dinero para su construcción en los años cuarenta y cincuenta. La parte de la Carretera Panamericana que pasa por el centro de los Estados Unidos se llama I-25.

Hay solamente una parte de la Carretera Panamericana que no está terminada. Esta parte está en la selva entre los países de Panamá y Colombia, en una región que se llama *Darién.* La ruta entre los Estados Unidos y el Canal de Panamá (la parte que pasa por México y Centroamérica) es muy popular con los turistas.

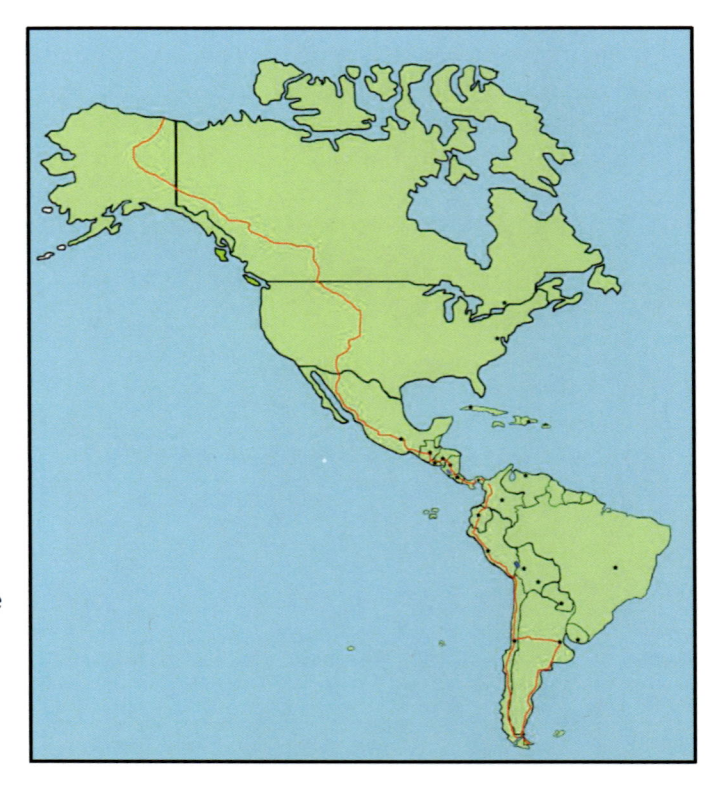

El clima en la Carretera Panamericana es muy variado. Hay selvas tropicales y tundras frías. Pasa cerca del océano y pasa por montañas altas a casi quince mil pies de altura. El escenario puede ser espectacular porque la carretera cruza por muchos lugares bonitos.

En Sudamérica pasa por Colombia, Ecuador, Perú, Chile y Argentina. En Chile la Carretera Panamericana pasa por el famoso Desierto de Atacama y, cerca de Santiago, se divide en dos partes. Una parte va hacia el sur de Chile y la otra parte va al este, hacia la Argentina. En Chile sigue hacia el sur hasta la isla de Chiloé, donde continúa por las montañas de la Patagonia chilena. El camino al este pasa por la Argentina y eventualmente llega a Buenos Aires. Desde Buenos Aires sigue hacia el sur hasta Tierra del Fuego, el punto más al sur de Sudamérica.

La Carretera Panamericana no pasa por los países de Belice en Centroamérica, ni Guyana, Surinam, o Guyana Francesa en Sudamérica, ni por las islas del Caribe, pero hay partes oficiales del camino que pasan por Venezuela, Brasil, Bolivia, Paraguay y Uruguay. Empieza en la tierra fría de Alaska y termina en la tierra fría de Tierra del Fuego en Argentina y entre estos dos puntos extremos la Carretera Panamericana pasa por grandes ciudades, desiertos, montañas y selvas tropicales. ¡Qué camino!

CONEXIONES CON... LA GEOGRAFÍA, LA HISTORIA y LA COMIDA

EL GRAN INTERCAMBIO DE COLÓN
THE GREAT COLUMBIAN EXCHANGE

Cristóbal Colón no fue el primer explorador en llegar a las Américas. Hay evidencia que otros llegaron antes que él. Es probable que navegadores de África, China, Polinesia e Irlanda hubieran llegado a las costas de Norteamérica y Sudamérica muchos años antes que Colón.

Es seguro que los vikingos de Islandia y Groenlandia tuvieron colonias en la costa oriental de Canadá quinientos años antes de la llegada de Colón. Es posible que hubiera otros exploradores de otras partes del mundo que también llegaron a las Américas (como los egipcios).

Colón no fue el primero, pero no hay duda de que él tuvo el impacto más grande de todos los exploradores, especialmente en la comida de todas las personas del planeta. Abajo hay unos ejemplos de animales que viajaron al otro lado del mundo con el Gran Intercambio de Colón.

La historia de Cristóbal Colón comienza en la página 48

Animales que vinieron del Nuevo Mundo
(Las Américas)

Animales que vinieron del Viejo Mundo
(Europa, Asia y África)

Nuevo Mundo		Viejo Mundo
pavos →	←	gallinas
	←	caballos
llamas →	←	burros
	←	vacas
	←	puercos
alpacas →	←	ovejas
	←	cabras
	←	gatos
cuyes →	←	abejas de miel

Plantas que vinieron del Nuevo Mundo
(Las Américas)

Plantas que vinieron del Viejo Mundo
(Europa, Asia y África)

Comidas de Primera Necesidad

maíz	→ ←	arroz
papas	→ ←	trigo
cacahuates	→	
batatas	→	

Vegetales

tomates	→ ←	cebollas
calabazas	→	

Frutas

piñas	→ ←	plátanos
fresas	→ ←	manzanas
	←	naranjas
	←	limones
aguacates	→ ←	uvas

Otras Plantas

chiles	→	
paprika	→ ←	café
cacao/chocolate	→ ←	té
vainilla	→ ←	caña de azúcar
tabaco	→	

Antes de los viajes de Colón, las comidas que hoy en día asociamos con ciertos países en el Viejo Mundo no existían en aquellos lugares. Por ejemplo, Estos productos son del Nuevo Mundo: **tomates, papas, batatas, chocolate/cacao, paprika, chilis,** y **tabaco**. Piénselo, en el **Viejo Mundo**:

EN EUROPA
Antes de Colón:
- No había **tomates** para la pizza, la lasaña, ni los espaguetis en Italia.
- No había **papas** en Irlanda.
- El famoso **chocolate** de Suiza no existía porque todavía no había **cacao** en Europa.
- Aunque los europeos tenían **azúcar** y también tenían **vacas** para hacer crema, no tenían los sabores favoritos de helado porque no tenían **vainilla**, **fresas**, ni **chocolate**.
- Y los pobres franceses no podían fumar cigarrillos porque todavía no tenían **tabaco**.

EN ÁFRICA Y ASIA
Antes de Colón:
- No había **batatas** en África.
- La comida de la India no tenía **paprika**.
- La comida de Tailandia no tenía **chiles**.

Muchísimos productos famosos vinieron del **Viejo Mundo**, así que antes del Gran Intercambio de Colón las comidas también eran muy diferentes en el **Nuevo Mundo**. Los siguientes productos vinieron del Viejo Mundo: **naranjas, plátanos, café, trigo,** y **arroz**. Así que:

EN LÁTINO AMÉRICA
Antes de Colón:
- No había **plátanos** en Guatemala.
- No había **café** en Colombia.
- No había **burros** en México
- En Cuba nadie podía comer **arroz** con **frijoles** porque todavía no tenían **arroz** allá.

EN AMÉRICA DEL NORTE
Antes de Colón:
- No había **naranjas** en la Florida.
- No había **vacas** en Tejas.
- No había **trigo** en Kansas.

- Los indígenas de las Grandes Llanuras no tenían **caballos**, y por eso no podían cazar bisontes efectivamente.

Pero después de los viajes de Colón todo cambió. Los dos mundos se unieron, y el resultado fue que, durante los dos siglos después de los viajes de Colón, la comida se hizo mejor para casi todas las personas en el planeta.

Antes del contacto con los europeos que inició Colón, los habitantes del **Nuevo Mundo** no tenían muchos animales domésticos útiles y la comida del **Viejo Mundo** no tenía mucho sabor. Pero el Gran Intercambio lo cambió todo. Este intercambio de animales, plantas, culturas y productos enriqueció las dietas y las vidas de casi todos en el planeta.

(Se puede leer la historia de Cristóbal Colón en la página 48.)

Conexiones
Bryce Hedstrom

CONEXIONES CON... LA GEOGRAFÍA, EL CLIMA, EL TURISMO y LA BIOLOGÍA

ECUADOR

Ecuador es un país pequeño que está en el norte de Sudamérica. Es pequeño, pero es interesante. Solamente dos países en Sudamérica no tiene frontera con Brasil. Ecuador es uno de esos países. El otro país que no tiene frontera con Brasil es Chile.

EL ECUADOR. El ecuador pasa directamente por el país de Ecuador, y por eso se llama Ecuador. El ecuador también pasa por la boca del Río Amazonas y las Islas Galápagos.

LA TIERRA. La tierra en Ecuador tiene mucha variedad. Hay tres partes: La costa, las montañas y la selva amazónica.

LA GENTE. Hay tres grupos principales de personas que viven en Ecuador: Los blancos, los mestizos y los indígenas. Los blancos generalmente son de Europa y de los Estados Unidos. Los mestizos son una combinación de los europeos y los indígenas. Este es el grupo más grande en Ecuador. Los indígenas son la gente nativa. Muchos de los indígenas hablan *quechua*, o *kichwa*. El resto de la población habla español. También hay negros en Ecuador, pero no muchos.

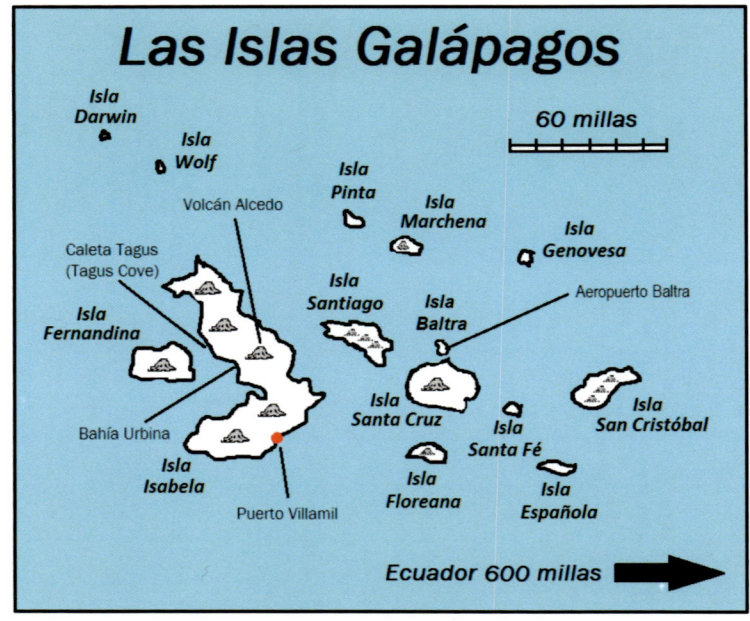

LAS ISLAS GALÁPAGOS. Políticamente las Islas Galápagos son parte del país de Ecuador. Son una provincia de Ecuador.

• Las Islas Galápagos son ricas en biodiversidad a causa de estar en el ecuador, por su aislamiento, y por el agua fría.

Conexiones
Bryce Hedstrom

Tortuga gigante de Galápagos

Iguana marina de Galápagos

• Charles Darwin visitó las Islas Galápagos en el año 1835. Darwin inventó su teoría de la evolución después de ver los diferentes animales que viven allí.

• En las Islas Galápagos hay **tortugas gigantes** que pueden vivir por doscientos años. Las tortugas son diferentes en diferentes islas. Se puede saber la isla de dónde viene la tortuga al ver la forma de la tortuga.

• Hay **iguanas marinas** que nadan en el océano alrededor de las Islas Galápagos. Esto no es normal para las iguanas. Normalmente las iguanas viven en la tierra y no nadan en el agua. Las iguanas en otras partes de Sudamérica no pueden nadar. Las iguanas marinas no comen peces. Comen plantas debajo del agua.

• Hay **pingüinos** en las Islas Galápagos. ¿Pingüinos en el ecuador? ¡Sí! Es a causa del agua fría alrededor de las islas y los muchos peces que viven en el agua.

Pingüino de Galápagos

• También hay **lobos marinos** en las Islas Galápagos. Viven allí a causa del agua fría y de los muchos peces que viven en el océano alrededor de las islas.

• Hay muchos **tiburones** el Océano Pacífico alrededor de las Islas Galápagos a causa de los muchos peces que viven en esas aguas.

Tiburón en el océano cerca de las Islas Galápagos

- La Isla Isabela es la más grande de las Islas Galápagos. Hay cinco volcanes en la isla. Hay cinco tipos diferentes de tortugas gigantes que viven cerca de los cinco volcanes. La Isla Isabela tiene la forma de un caballo del mar.

- El agua cerca de las Islas Galápagos es fría. Esto es una sorpresa porque normalmente el agua de los océanos cerca del ecuador está cálida.

- El agua fría viene de la Corriente Humboldt.

LA CORRIENTE HUMBOLDT. La Corriente Humboldt es una corriente de agua fría que viene de la Antártida y va al norte. Pasa por la costa oeste de Chile y Perú, y termina en las Islas Galápagos.

- El agua fría puede contener mucho más oxígeno que el agua cálida, por eso hay más vida en el agua fría.

- El agua fría en el Corriente Humboldt lleva mucho oxígeno y nutrientes a la costa de Perú y a las Islas Galápagos.

- Hay muchos peces en la costa de Perú a causa del agua fría.

La Corriente Humboldt lleva agua fría desde Antárdida a la costa de Sudamérica y hasta las Islas Galápagos.

QUITO. Quito es la ciudad capital de Ecuador. Quito también se llama *la ciudad de la perpetua primavera* porque siempre hace buen tiempo allí. Hay flores todo el año. Nunca hace mucho calor ni mucho frío. Llueve un poco en la tarde.

- El ecuador pasa un poco al norte de la ciudad pero en Quito no hace calor a causa de la altitud. La altitud de Quito es de diez mil pies sobre el nivel del mar, más alta que Aspen, Colorado.

- Quito es la segunda ciudad capital más alta del mundo. La Paz, Bolivia es la ciudad capital más alta.

- Los Andes pasan por el país de Ecuador. Los Andes son la cadena de montañas más larga del mundo. Pasan por la parte oeste de Sudamérica desde el norte de Colombia hasta el sur de Chile. Esta cadena de montañas se llama la Cordillera de los Andes.

- Quito es la ciudad capital, pero no es la ciudad más grande de Ecuador. La ciudad de Guayaquil, en la costa del Pacífico, es un puerto y es mucho más grande.

Conexiones
Bryce Hedstrom

CUATRO ESTACIONES EN UN DÍA. Ver las "cuatro estaciones en un día" es una excursión popular entre los turistas que van a Ecuador. Esta excursión es posible por tres razones:

1) El país de Ecuador está en el ecuador
2) Ecuador es un país pequeño
3) Hay mucha variación en altitud en Ecuador

En el ecuador el sol está directamente sobre la cabeza todos los días. Así que no hay estaciones tradicionales. Pero se puede ver el equivalente de todas las estaciones del año en un día cerca de Quito. Hay dos opciones para ver las cuatro estaciones en un día:

• **Puede viajar desde la costa a las altas montañas.** Ecuador es pequeño, así que en un carro puede ir desde la costa a las altas montañas en un día. En la costa hace calor, así que es similar al verano. Cerca de Quito hace buen tiempo, así que es similar a la primavera. En las montañas hace fresco, así que es similar al otoño. Y en los picos más altos de los Andes, hace viento y hace mucho frío, así que es similar al invierno.

• **Puede ir a una montaña y pasar todo el día allí.** En las montañas más altas hace mucho frío durante la noche. Así que las noches son como el invierno. En la mañana sale el sol y hace buen tiempo, como la primavera. Al mediodía hace mucho sol y hace calor, como el verano. Y en la tarde hace viento y hace fresco, como el otoño. En las montañas altas de Ecuador hay plantas especiales que pueden vivir en esta situación extrema, donde hay cambios drásticos de temperatura todos los días.

el invierno   la primavera
el verano   el otoño

El país de Ecuador es pequeño, pero muy interesante. ¿No quieres ir?

Conexiones
Bryce Hedstrom

CONEXIONES

Advanced Beginning Level Readings

Conexiones
Bryce Hedstrom

Conexiones
Bryce Hedstrom

CONEXIONES CON... LA GEOGRAFÍA, LA HISTORIA, LA ASTRONOMÍA y EL CLIMA

EL CASTILLO

Una de las siete maravillas del mundo que debes ver

Se puede ver la forma de una serpiente gigante en blanco al lado de las escaleras por la luz del sol durante el equinoccio de la primavera (el veintiuno de marzo) y durante el equinoccio del otoño (el veintiuno de septiembre).

El Castillo es una pirámide famosa en la península de Yucatán en México. Es el símbolo de la historia de los mayas en México. También se llama el Templo de Kukulcán. Es parte de la ciudad maya de Chichén Itzá y es muy famoso.

En realidad, no es un castillo pero se llama "El Castillo" porque a los ojos de los españoles, la pirámide era similar a un castillo medieval de España.

El Castillo fue construido entre los siglos IX (nueve) y XII (doce) por los mayas y fue un templo dedicado al dios maya Kukulcán.

Los mayas eran muy buenos con las matemáticas y la astronomía. Ellos construyeron la pirámide por razones muy específicas. Se puede pensar en El Castillo como un calendario gigante porque durante los equinoccios pasa algo maravilloso.

El Castillo está en Chichén Itzá, la ciudad antigua de los mayas en la Península de Yucatán.

Conexiones
Bryce Hedstrom

En el equinoccio de primavera, el veintiuno de marzo, y en el equinoccio del otoño, el veintiuno de septiembre, el número de horas del día y de horas de la noche son iguales. Hay doce horas de luz del sol y doce horas de noche. Los mayas construyeron El Castillo para que pudieran ver fácilmente cuándo era el equinoccio. En las fechas de los dos equinoccios, el ángulo del sol forma una imagen espectacular por la luz y la sombra de la pirámide. El veintiuno de marzo se puede ver la forma de una gran serpiente en la pirámide. Miles de turistas vienen de todo el mundo en esta fecha para ver el espectáculo.

Hay otra razón porque El Castillo es similar a un calendario gigante: tiene trescientos sesenta y cinco (365) escaleras en total, una escalera por cada día del año. La pirámide tiene cuatro lados y hay noventa y una (91) escaleras en cada lado. Noventa y uno multiplicado por cuatro son trescientos sesenta y cuatro (364). Con la plataforma de arriba hay un total de trescientos sesenta y cinco escaleras, una escalera por cada día del año.

Para los mayas era importante saber las fechas exactas de la primavera y del otoño. Necesitaban saber las fechas para plantear cuándo plantar y también para cosechar. Y El Castillo les ayudaba con esto.

Comparada con otras pirámides famosas, El Castillo no es muy grande. Es mucho más pequeño que la Pirámide del Sol en Teotihuacán cerca de la Ciudad de México. y la gran pirámide cerca de Cairo, Egipto. Pero El Castillo es tan importante y tan famoso que es una de **Las Nuevas Siete Maravillas del Mundo** *(The New Seven Wonders of the World)*. Las turistas vienen de todo el mundo para verlo. Cada año más de un millón de turistas vienen para explorar Chichén Itzá, especialmente durante el equinoccio de primavera, el veintiuno de marzo.

Además de la pirámide había mucho más en Chichén Itzá, pero La ciudad y El Castillo fueron abandonados cerca del año mil doscientos catorce (1214), probablemente a causa de cambios en el clima. Los españoles lo encontraron en el año mil quinientos sesenta y seis (1566).

En el año dos mil quince (2015) los científicos descubrieron que había un cenote grande debajo de El Castillo y que la pirámide está en peligro de hundirse. Así que debemos ir a visitarlo pronto antes de que se desaparezca para siempre.

Conexiones
Bryce Hedstrom

CONEXIONES CON... LA GEOGRAFÍA, LA HISTORIA y LA BIOLOGÍA
ANIMALES DE LAS ISLAS GALÁPAGOS

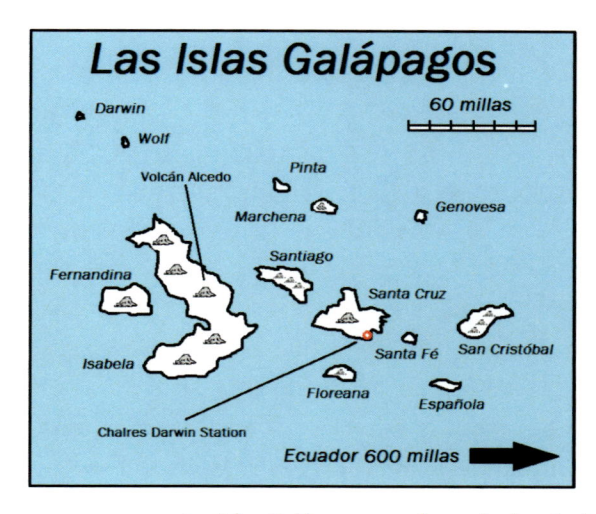

Las Islas Galápagos quedan más de seiscientas (600) millas del país de Ecuador

Las Islas Galápagos son un archipiélago, o sea, una cadena de islas en el Océano Pacífico. Quedan a unas seiscientas millas al oeste de Ecuador, y pertenecen a ese país.

Es un lugar hermoso y tropical. Puede decirse que es un paraíso aquí en la tierra. Hay muchos climas distintos y maravillosos en las islas. Y por supuesto, los turistas vienen por su belleza.

Hay mucho turismo en las islas. Casi todo el archipiélago (noventa y cinco por ciento de la tierra de las islas) es un parque nacional ecuatoriano. Es una joya de la naturaleza para todo el mundo. De hecho, las Islas Galápagos son una de las finalistas para las Nuevas Siete Maravillas de la Naturaleza *(The New Seven Wonders of Nature)*.

Sobre todo, hay animales distintos que no se encuentran en ningún otro lugar del mundo: pinzones *(finches)*, tortugas gigantes, pájaros, pingüinos (¿en el ecuador?), lobos marinos, y dos tipos únicos de iguanas. La variedad en los diferentes tipos de animales que se encuentran en las islas es fascinante.

Animales Distintos de las Islas Galápagos

Hay pinzones, tortugas, dos especies únicas de iguanas, y otros animales únicos de las islas.

1. El pinzón de Galápagos *(The Galapagos Finch)* El **pinzón** es un pájaro común en todas las Américas (o sea, Norteamérica y Sudamérica), y hasta en las islas hawaianas. Los pinzones comunes comen semillas e insectos, pero en las Islas Galápagos, se encuentran pinzones con picos diferentes que comen comidas diferentes.

Conexiones
Bryce Hedstrom

Hay diferentes tipos de pinzones en las diferentes islas de los Galápagos porque hay distintos climas. Un clima diferente produce un medio ambiente diverso. Parece que los pinzones se han adaptado para aprovecharse de los diferentes medio ambientes. Parece que se han adaptado a los diversos climas en las distintas islas. Se puede identificar los diferentes tipos de pinzones por sus picos:

El barco *HMS Beagle* se embarcó en un viaje mundial en el año mil ochocientos treinta y dos. Circunnavegó todo el mundo entre los años <u>mil ochocientos treinta y dos</u> y <u>mil ochocientos treinta y seis</u>. El propósito del viaje era explorar la costa de Sudamérica y otros lugares. Había un joven naturalista en el barco que se llamaba **Charles Darwin**. Cuando el *Beagle* llegó a las Islas Galápagos Darwin observó los diferentes tipos de pinzones y tortugas. Allí empezó a desarrollar sus teorías sobre la adaptación de las especies. A veces estos pájaros diminutivos se llaman "los Pinzones de Darwin".

Los pinzones con diferentes picos los usan para comer comidas diferentes que se encuentran en los diferentes ambientes en las diferentes islas. Parece que se han adaptado a los diferentes ambientes.

2. <u>Tortugas gigantes de Galápagos</u>

Las tortugas gigantes de las Islas Galápagos son muy conocidas por todo el mundo. De hecho, las islas tienen su nombre por las tortugas, porque otra palabra para "tortuga" en español es "galápago". Los marineros españoles encontraron muchísimos galápagos en las islas y por eso le dieron el nombre de "Islas Galápagos" a todo el archipiélago. Las tortugas eran muy valiosas para los marineros porque estos animales grandes podían permanecer vivos en los barcos por meses, y por eso eran una fuente de carne fresca durante los largos viajes por el Pacífico.

Conexiones
Bryce Hedstrom

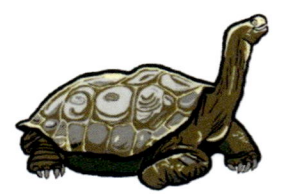

> Todos saben que se habla español en las Islas Galápagos pero, ¿cuál idioma hablan las tortugas?
>
> ¡El "tortugués"!

Las tortugas de los Galápagos son muy grandes y fuertes. Pueden crecer hasta pesar más de ochocientas cincuenta libras, o sea, el peso de un caballo pequeño. También pueden vivir por muchísimos años. Algunas en cautiverio han vivido por más de ciento setenta años. Similar a los pinzones, hay diferentes tipos de tortugas en las diferentes islas.

3. Iguana marina de Galápagos

La iguana marina de Galápagos es otro animal endémico de las Islas Galápagos (o sea, se le encuentra solamente allí). Esta iguana es la única especie de iguana en el mundo que entra en el agua para comer. Los adultos machos de esta especie pueden entrar en el agua y nadar debajo de la superficie para buscar las plantas que crecen en las rocas. Las hembras y las iguanas más jóvenes deben buscar alimentos como algas u otras plantas cuando baja el mar. Ellos son más pequeños y por eso no pueden nadar a causa del agua fría. Sus cuerpos pesan menos y no pueden conservar el calor en el agua fría.

Aunque las Islas Galápagos están en el ecuador, el agua alrededor de las islas no es tan cálida como se imagina a causa de la Corriente *Humboldt* y otras corrientes frías que por casualidad convergen en las islas. La Corriente Humboldt viene de la Antártida y pasa por toda la costa occidental de Sudamérica. Lleva agua fría desde el sur hasta el ecuador y las Islas Galápagos, por eso el agua alrededor las islas es mucho más fría que en otras partes de los océanos ecuatorianos. Y con el agua fría también llegan muchos nutrientes que hacen las aguas alrededor de las islas extraordinariamente ricas y capaces de alimentar a los muchos animales que viven allí.

¡Qué monstruo! Parece una serpiente de mar, ¿no? En realidad, las iguanas marinas no son muy grandes. Miden solamente dos o tres pies.

4. Iguana terrestre de Galápagos

Esta iguana vive en los climas secos de las Islas Galápagos. Come cactus u otras plantas que pueden crecer en este ambiente seco, caluroso y duro.

5. Otros animales únicos

Los siguientes animales también viven solamente en las Islas Galápagos, pero son menos famosos que los pinzones, las tortugas y las iguanas.

A. Lobos marinos *(Sea Lions)*

Las Islas Galápagos están en el ecuador pero hay lobos marinos allí. ¡Qué loco! ¿No? Normalmente los lobos marinos no viven en el ecuador.

B. Pájaro bobo de patas azules *(Blue-footed Boobie)*

Los marineros españoles les dieron el nombre "bobo" (o sea, tonto) a estos pájaros de apariencia rara porque parecían muy tontos. Los bobos no tenían miedo a los seres humanos. Esto es lógico porque originalmente no había ningún depredador en las Islas Galápagos, así que ningunos de los animales allí tenía un miedo natural a los hombres. Pero esta condición eventualmente causó un gran problema para los bobos porque los marineros podían acercarse a ellos y agarrarlos sin problemas. Los piratas y marineros comieron muchísimos bobos en sus viajes por el Pacífico durante dos siglos.

Hoy en día el bobo de patas azules también se llama "alcatraz patiazul" *(blue-footed gannet)*.

C. Pingüino de Galápagos *(Galapagos Penguin)*

El pingüino de Galápagos es nativo de las aguas alrededor de las islas. Es el único pingüino que vive cerca del ecuador. No vive en un lugar frío ni congelado, sino en el ecuador. Este pájaro nadante también fue llamado "pájaro bobo" (como el pájaro bobo de patas azules, ¡qué confuso!) por los marineros españoles porque parecía tan tonto que nunca trataba de escapar.

¿Por qué piensan los biólogos que hay tanta diversidad en las formas de vida en las Islas Galápagos?

Otras palabras comunes con la ü en la forma de una rima:

**Tenía el pingüino monolingüe
vergüenza de no ser bilingüe.**

Conexiones
Bryce Hedstrom

CONEXIONES CON... LA GEOGRAFÍA, LA HISTORIA, LA SOCIOLOGÍA, LA RELIGIÓN y LA CULTURA MODERNA

LA VIRGEN DE GUADALUPE:
Una cultura cambiada por una obra de arte sagrada

Introducción

La Virgen de Guadalupe, o Nuestra Señora de Guadalupe, es una forma de la Virgen María, la madre de Jesucristo. Pero la Virgen de Guadalupe es diferente a otras formas de la Virgen: la Virgen de Guadalupe tiene el pelo negro y la piel morena. Es una versión indígena de la Virgen María. Es diferente a las imágenes tradicionales de la Virgen, que tienen la piel blanca y el pelo castaño, características europeas.

La imagen de la Virgen apareció a un indígena mexicano pobre que se llamaba Juan Diego. Después de la aparición, la gente indígena de Latinoamérica aceptó la religión católica. El resultado fue que la cultura y civilización latinoamericana cambió radicalmente y casi instantáneamente.

Se puede ver el abrigo de Juan Diego con la imagen original en la Basílica de Nuestra Señora de Guadalupe, una iglesia gigante cerca de la Ciudad de México.

La fiesta de la Virgen de Guadalupe

La fiesta de la Virgen de Guadalupe es una celebración grande mexicana que celebra la aparición de la Virgen. La gente la celebra el doce de diciembre cada año. Por todo México, la gente va a las iglesias para cantar, dar las gracias y celebrar. Más de cinco millones de personas van a la Basílica de Nuestra Señora de Guadalupe cerca de la Ciudad de México en este día tan especial.

La fiesta de la Virgen de Guadalupe no es una celebración oficial en el país de México. Es una celebración religiosa de la Iglesia Católica y de la gente.

Conexiones
Bryce Hedstrom

La aparición de la Virgen

La Virgen se le apareció a un hombre indígena pobre. El hombre dijo que ella se le apareció dos veces: el nueve de diciembre y el doce de diciembre, del año mil quinientos treinta y uno *(1531)*. Esto fue diez años después de la conquista de México por los españoles.

Cuando la Virgen apareció, ella no le habló en español. Le habló en náhuatl, la lengua de los aztecas. Él hombre dijo que ella también hizo un milagro.

Juan Diego

El nombre del hombre indígena que vio la aparición de la Virgen de Guadalupe era Juan Diego. Es interesante que la Virgen se le apareciera a un indígena pobre. No se le apareció a un gran líder de la iglesia, ni a un rey, sino a un indígena, a un hombre humilde. Después de la aparición de la Virgen, Juan Diego fue y le dijo lo que pasó a los oficiales de la iglesia católica. Ellos estuvieron convencidos cuando vieron otro milagro.

El milagro de la tilma

Una tilma es un abrigo simple. *La tilma* refiere a la tilma de Juan Diego. Después de ver la aparición de la Virgen, Juan Diego dijo que la Virgen hizo un milagro. Ella le dio rosas que no se veían en México. Juan Diego agarró las rosa, se las puso en la tilma y fue a hablar con los líderes de la iglesia.

Cuando Juan Diego llegó a la iglesia, abrió su tilma. Las rosas se cayeron al piso y entonces todos vieron otro milagro. Dentro de la tilma había una imagen de la Virgen. Todavía se puede ver la tilma de Juan Diego en la Basílica de Nuestra Señora de Guadalupe.

Después, la Iglesia Católica verificó que la historia de Juan Diego era verdad, y la tilma fue parte de la evidencia. La tilma de Juan Diego todavía está en la Basílica de Nuestra Señora de Guadalupe cerca de la Ciudad de México. Es la misma imagen de la Virgen que se ve por todas partes en México hoy.

La imagen de la Virgen apareció en la tilma de Juan Diego. La tilma todavía existe hoy.

Conexiones
Bryce Hedstrom

La Virgen en Latinoamérica

Para la gente indígena, la Virgen de Guadalupe significaba que Dios los amaba y que estaba bien ser parte de la religión católica.

La Virgen le dijo a Juan Diego que ella quería el nombre *Guadalupe*. Guadalupe es un nombre español, así que la Virgen de Guadalupe representa la unificación de la cultura indígena con la Iglesia Católica; la conexión de la gente de Latinoamérica con la religión de Europa y con el resto del mundo.

Después de la aparición

Antes de la aparición de la Virgen de Guadalupe había pocos indígenas católicos. Los indígenas no querían aceptar la religión de los conquistadores españoles. No querían ser parte de la Iglesia Católica. Solamente quinientos indígenas fueron bautizados durante los diez años entre la conquista de México en mil quinientos veintiuno *(1521)* y el año cuando la Virgen apareció en el mil quinientos treinta y uno *(1531)*.

Después de la aparición todo cambió. La aparición de la Virgen de Guadalupe convenció a los indígenas que Dios los había aceptado. Los indígenas podían ver que la madre de Dios era similar a ellos, tenía la piel morena. Era diferente a los conquistadores españoles, que tenían la piel blanca.

Nuestra Señora de Guadalupe es la santa patrona de las Américas porque la cultura de las Américas cambió mucho después de su aparición. La mayoría de la gente en todos los países de Latinoamérica aceptó la religión católica. La mayoría de la gente de Latinoamérica todavía es católica.

La imagen de Nuestra Señora de Guadalupe

Se considera la imagen de Nuestra Señora de Guadalupe un milagro por muchas razones:

1) **La imagen hoy.** Se puede ver la imagen de la Virgen en la tilma original de Juan Diego en la Basílica de Nuestra Señora de Guadalupe. Después de **casi** quinientos años la imagen todavía está intacta. Los colores todavía son vibrantes. Nadie puede explicar por qué. Muchos creen que es un milagro.

2) **Las partes de la imagen.** Hay muchos detalles en la imagen de la Virgen que eran importantes para los indígenas:
   a) **Ella era una de ellos** porque:
   - Ella tenía piel morena
   - Ella llevaba un cinturón azteca que indicaba que era indígena.

   b) **Ella era más importante y poderosa que los dioses de los aztecas** porque:
   - Ella andaba sobre la luna, uno de los dioses de los aztecas. Así que era más grande que la luna.
   - Ella estaba enfrente del sol, otro dios de los aztecas. Así que era más grande que el sol.
   - Ella llevaba el cielo y todas las estrellas como abrigo. Así que era más grande que el cielo.

c) **Era obvio que ella iba a dar a la luz** * porque:

* **iba a dar a luz** *she was going to give birth, she was pregnant*

- Ella llevaba pulseras blancas, símbolos aztecas de que una mujer estaba embarazada, así que su bebé era más importante que todos los demás dioses.
- Llevaba un cinturón que indicaba que era una virgen.

Todos los detalles en la imagen significaban para la gente indígena que la mujer en la tilma era la madre del hijo de Dios, o sea, la madre de Jesucristo. Ella también llevaba la cruz en su pecho, un símbolo cristiano.

La Virgen de Guadalupe en la cultura mexicana

Hoy en día la imagen de Nuestra Señora de Guadalupe es un símbolo importante para la gente mexicana. Hay dibujos de la Virgen por todas partes. Se puede ver a la Virgen en camisetas, cachuchas, tatuajes, murales, y dentro de casi todas las casas mexicanas. El doce de diciembre, el Día de Nuestra Señora de Guadalupe, es un día de fiesta muy importante en México.

El famoso autor mexicano Carlos Fuentes dijo: *"No puede ser realmente considerado un mexicano a menos que usted crea en la Virgen de Guadalupe."* *

La Basílica de Nuestra Señora de Guadalupe

La Basílica de Nuestra Señora de Guadalupe es una iglesia muy grande al norte de la Ciudad de México. La basílica original fue construida en año de mil setecientos nueve *(1709)* en el sitio donde la Virgen de Guadalupe visitó a Juan Diego en el año de mil quinientos treinta y uno *(1531)*. La Nueva Basílica es mucho más grande y fue construida en el año de mil novecientos setenta y seis *(1976)*.

La Virgen de Guadalupe es la santa patrona de México y de todas las Américas. Su imagen es un símbolo importante de la cultura mexicana y la basílica es muy importante para los católicos de Latinoamérica. Más de veinte millones *(20.000.000)* de personas visitan la basílica cada año. Si fuera un lugar turístico, sería uno de los sitios turísticos más visitados del mundo. Pero la basílica es mucho más que un lugar turístico. Para los católicos mexicanos es el sitio dónde la madre de Dios visitó a uno de ellos.

El fin.

*Carlos Fuentes quote: http://www.buenastareas.com/ensayos/La-Virgen-Guadalupe/2159244.html

Conexiones
Bryce Hedstrom

CONEXIONES CON... LA GEOGRAFÍA, LA HISTORIA y LA CULTURA POPULAR

LA HISTORIA DEL CINCO DE MAYO

En general, la celebración del Cinco de Mayo es más grande en los Estados Unidos que en México. ¡Qué raro! ¿No? ¿Por qué será así? ¿Por qué hay una celebración mexicana en los Estados Unidos? ¿Y por qué será tan popular?

¿Es una celebración de la independencia?

Muchas personas creen que la fiesta del Cinco de Mayo es la celebración de la independencia de México, pero no lo es. El día de independencia de México es el dieciséis de septiembre. El Cinco de Mayo, la gente celebra *La Batalla de Puebla*. Durante la batalla de Puebla, México ganó contra los franceses. La fecha de esta famosa batalla fue el cinco de mayo de mil ochocientos sesenta y dos *(1862)*.

los franceses   los mexicanos

Conexiones
Bryce Hedstrom

La historia del Cinco de Mayo

Entre los años mil ochocientos cuarenta y ocho *(1848)* y mil ochocientos cuarenta y nueve *(1849)*, hubo una guerra entre los Estados Unidos y México. La guerra se llamó *la Guerra Mexicana Americana*. Las guerras pueden costar mucho. Un país necesita mucho dinero para tener una guerra, especialmente un país nuevo. Y México era un país muy joven. México solamente tenía veintisiete años porque había obtenido su independencia de España en mil ochocientos veintiuno *(1821)*.

México era un país joven y no tenía mucho dinero. Y después de la guerra contra los Estados Unidos, México tenía muchas deudas. México debía mucho dinero a Los Estados Unidos, España, Inglaterra, Alemania y Francia. Pero México no tenía suficiente dinero y no podía pagar todas sus deudas.

México repagó el dinero a los Estados Unidos, pero todavía no les podía repagar a los países de Europa.

El presidente de México se llamaba Benito Juárez. Juárez era un indígena zapoteca y fue el primer indígena en ser presidente de México. Benito Juárez quería que México pagara todas sus deudas, pero no podía pagarlas muy rápido. México necesitaba más tiempo para pagar, así que Juárez decidió esperar.

Juárez decidió que México iba a pagar cuando su país tuviera más dinero. Les dijo su plan a los líderes de Europa, pero a ellos no les gustó el plan, especialmente al emperador de Francia.

El emperador de Francia se llamaba Napoleón III. No era el famoso Napoleón Bonaparte. Era su sobrino. A Napoleón III no le gustaba el plan de Juárez. Quería su dinero, y lo quería pronto.

Así que Napoleón III mandó su ejército a México para obtener el dinero. En realidad, Napoleón III quería más que dinero, quería todo el país de México y quería instalar a sus amigos, Maximiliano de Habsburgo y su esposa Carlota, como los gobernantes de México. Napoleón III sabía que los Estados Unidos no podía ayudar a México a causa de la Guerra Civil. Los Estados Unidos era el amigo de México, pero no tenía dinero ni tropas para mandar a México.

> En el año 1862 Francia tenía uno de los mejores ejércitos del mundo. Napoleón III pensó que sus soldados iban a ganar fácilmente contra los mexicanos.

Conexiones
Bryce Hedstrom

La batalla de Puebla

Los franceses fueron a México y estaban marchando hacia la capital, la Ciudad de México. Pasaron por la ciudad de Puebla, que estaba solamente a unas ochenta millas al sur de la capital. Pero los franceses no podían imaginar lo que iba a pasar.

El ejército francés era muy bueno. Era uno de los mejores ejércitos del mundo en aquella época. Los soldados franceses eran muy buenos. Ellos tenían mucha experiencia y también tenían las mejores armas del mundo. Los soldados mexicanos eran muy diferentes. Ellos tenían armas viejas y no tenían mucha experiencia. De hecho, el ejército mexicano estaba usando armas viejas que le había comprado a Napoleón Bonaparte, el tío de Napoleón III. ¡Los mexicanos ganaron contra los franceses usando las armas viejas del tío del emperador francés! ¡Qué irónico!

> El emperador de Francia era Napoleón III. Los mexicanos ganaron contra los franceses usando las armas viejas del famoso tío del emperador: Napoleón Bonaparte. ¡Qué irónico!

El cinco de mayo del año mil ochocientos sesenta y dos *(1862)*, los mexicanos lucharon contra los franceses cerca de la ciudad de Puebla. Los soldados mexicanos lucharon valientemente por su nuevo país. La lluvia les ayudó y también les ayudó una estampida de cinco mil vacas, pero en realidad, los mexicanos ganaron porque lucharon fuertemente porque amaban su país. ¡Sí! ¡Ganaron los mexicanos! Nadie creía que México iba a hacer eso. Nadie creía que un ejército latinoamericano podía ganar contra un ejército europeo. ¡Pero México lo hizo!

Pero la victoria en Puebla no fue una victoria definitiva. No fue el fin. Los franceses se reagruparon y conquistaron México dos años después, en el año de mil novecientos sesenta y cuatro. Pero Francia no pudo mantener el control del país por mucho tiempo. Después de pocos años los mexicanos habían reconquistado su patria. La victoria durante la Batalla de Puebla les dio ánimo para continuar con la lucha.

La celebración del Cinco de Mayo en México

Quizás parece raro, pero no se celebra el Cinco de Mayo en todo México. Hay una gran celebración solamente en una parte del país. En la ciudad de Puebla, donde tomó lugar la batalla, hay muchas celebraciones, pero en el resto de México realmente no hay celebraciones grandes.

Hoy en día, para celebrar el Cinco de Mayo en la ciudad de Puebla, toda la gente va al zócalo. Los mariachis tocan guitarras y cantan rancheras que hablan de la batalla. Toda la gente come tacos, bebe refrescos, baila y canta. Algunas personas se pintan las caras. Es similar a las celebraciones en los EE. UU., ¿no?

> El Cinco de Mayo no es una celebración muy grande en México Es más grande en los Estados Unidos.

Conexiones
Bryce Hedstrom

Algunas familias se quedan en sus casas. Las abuelas cocinan mole (una salsa picante para el pollo), tostadas, tortillas y tamales. Casi toda la gente pone la bandera de México enfrente de sus casas.

Normalmente hay un desfile militar. Los soldados marchan, los tanques pasan, los aviones vuelan, las bandas tocan y toda la gente mira y aplaude. A veces hay una recreación de la batalla.

Por la noche, hay fuegos artificiales en las plazas. La gente los mira y se divierte mucho. Toda la gente grita:

— ¡Viva México! ¡Viva México!

¿Por qué hay celebraciones en los Estados Unidos?
La celebración del Cinco de Mayo es popular en los Estados Unidos. Pero, ¿por qué? Abajo hay cinco razones:

1) El resultado de la Guerra Civil podría haber sido diferente para los Estados Unidos
Una razón importante de porqué el Cinco de Mayo es popular en los Estados Unidos es porque México ayudó mucho a los Estados Unidos con La Batalla de Puebla. Es posible que la batalla de Puebla cambiara la Guerra Civil de los Estados Unidos.

Si México no hubiera causado problemas para los franceses, Francia probablemente habría ayudado a los Estados Sureños. Con México como base, Francia hubiera tenido muchas rutas para entrar al sur de los Estados Unidos. La ayuda extra de Francia probablemente habría podido cambiar los resultados de la Guerra Civil.

si no hubiera causado *if it hadn't caused*   **habría ayudado** *would have helped*   **sureños** *southern*
habría tenido *would have had*   **hubiera podido cambiar** *could have changed*

2) Hay una tradición muy larga de celebrar el Cinco de Mayo en los Estados Unidos
Después de la Guerra Civil, muchas personas en los EE. UU. reconocieron la ayuda de México y su conexión con el triunfo de la guerra entre los estados. Entre los años mil ochocientos setenta *(1870)* y mil novecientos *(1900)* hubo muchas celebraciones del Cinco de Mayo en los estados en el oeste de los Estados Unidos (como Texas, Nuevo México y California) con gente usando uniformes de soldados de la Unión. Así que las conexiones entre los Estados Unidos y México son muchas y la celebración del Cinco de Mayo es una representación de esto.

Conexiones
Bryce Hedstrom

3) Hay muchos que quieren recordar a México en los Estados Unidos

Hoy en día muchas personas se han olvidado de esta historia. La mayoría piensan que el Cinco de Mayo es simplemente una celebración para honrar a México. Y es así. Pero también es obvio que hay muchos mexicanos en los EE. UU. Ellos quieren recordar a México y por eso hacen una gran celebración.

4) Hay muchos que quieren celebrar a México en los Estados Unidos

En la celebración del Cinco de Mayo, muchas personas que no son mexicanos también quieren celebrar. Es similar al Día de San Patricio cuando muchos que no son de Irlanda celebran ese día con los irlandeses.

5) El Cinco de Mayo es una razón para celebrar a los de abajo

Otra razón para celebrar es porque en la Batalla de Puebla "los de abajo" ganaron. Dos mil soldados mexicanos ganaron contra cinco mil soldados franceses, los mejores del mundo. Es posible que esta idea dé ánimo a los pobres que normalmente no ganan. Les da ánimo y esperanza porque a veces los de abajo sí pueden ganar, como ganaron los mexicanos en la Batalla de Puebla en el cinco de mayo hace muchos años.

sea *might be*   **los de abajo** *the underdogs*

El fin.

Sources:
http://www.theespresso.com/2012/05/cinco-de-mayo-the-greatest-us-civil-war-victory-in-mexican-history/ "The French also had a long-term plan to demolish US power by siding with the Confederacy when the time was right — after the French got a strong foothold in Mexico."
http://www.pbs.org/kpbs/theborder/history/timeline/10.html
http://history.state.gov/milestones/1861-1865/french-intervention
http://en.wikipedia.org/wiki/France_in_the_American_Civil_War
http://classroom.synonym.com/frances-involvement-us-civil-war-23781.html
http://www.texasmilitaryforcesmuseum.org/wortham/4345.htm "It was feared by the Federal government that France might join forces with the Confederacy and thus complicate the war."
http://www.civilwarhome.com/europeandcivilwar.html "Napoleon would probably have given the Confederacy, from that base, more active support."
http://gomexico.about.com/od/festivalsholidays/f/cinco_de_mayo_us_mexico_question.htm
http://gomexico.about.com/od/cinco-de-mayo/tp/surprising-facts.htm
http://fox5sandiego.com/2015/05/04/why-is-cinco-de-mayo-bigger-in-here-than-in-mexico/lt

Conexiones
Bryce Hedstrom

CONEXIONES CON... LA GEOGRAFÍA y LA HISTORIA

LA HISTORIA DE CRISTÓBAL COLÓN

VOCABULARIO IMPORTANTE

Cristóbal Colón	**el Día de la Raza**	**el año mil cuatrocientos noventa y dos**
Christopher Columbus	*the Day of the Race*	*the year 1492*

los Reyes Católicos	**el Nuevo Mundo**	**los moros**	**el doce de octubre**
the Catholic Kings	*the New World*	*the Moors*	*October 12th*

NOTE: These stories about Christopher Columbus are not intended endorse his many and well documented despicable acts, which were decried even in his own time. The intent is to teach about how and why El Día de la Raza (known as Columbus Day in the USA) is celebrated in Latin America.

The three characters in the embedded readings about Columbus are intended to represent the three classic motivations for Spanish exploration and conquest: gold, glory and God.

Conexiones
Bryce Hedstrom

LA HISTORIA DE CRISTÓBAL COLÓN #1

(Hay un glosario después de la versión #3)

Cristóbal Colón fue un capitán famoso. Quería ir a India, pero no tenía barcos.

Colón fue a Portugal para obtener barcos, pero el rey de Portugal le dijo que no. Así que Colón fue a España. Pero el rey de España también le dijo que no porque tenía problemas con los moros.

Luego Colón volvió a España y los Reyes Católicos le dieron tres barcos.

Colón salió de España y viajó al oeste. Cruzó el Océano Atlántico y llegó al Nuevo Mundo. Pero no sabía que estaba en el Nuevo Mundo. Pensó que estaba en India. Colón llegó el doce de octubre de mil cuatrocientos noventa y dos *(1492)*.

Hoy en día, el doce de octubre es *el Día de Colón*, pero en Latinoamérica ese día se llama *el Día de la Raza* porque en ese día empezó una nueva raza de personas: los latinoamericanos.

LA HISTORIA DE CRISTÓBAL COLÓN #2

(Hay un glosario después de la versión #3)

Cristóbal Colón fue un capitán. A él le gustaba navegar en el océano y le gustaba explorar.

Colón quería ir a India, pero había un problema; no tenía barcos ni tenía dinero. Colón tuvo una idea. Así que Colón fue a Portugal para hablar con el rey de Portugal.

—Su majestad, quiero ir a India. Yo pienso que hay una ruta por el oeste a India. —Colón le dijo al rey.— ¿Me puede dar barcos para ir a India?

—Lo siento, capitán Colón— le dijo el rey de Portugal —No soy un rey rico. No tengo suficientes barcos para ir a India.

Colón tuvo otra idea. Fue donde el rey de España. El rey de España se llamaba Fernando y la reina de España se llamaba Isabel. Eran los Reyes Católicos. Colón les preguntó a los Reyes Católicos:

—Majestades, quiero ir a India y necesito barcos. Por favor, ¿me pueden dar barcos y dinero para ir a India?

Conexiones
Bryce Hedstrom

—Lo siento, pero no —le respondió el rey Fernando—. Tengo muchos problemas con los moros. En este momento no tenemos suficiente dinero.

Colón estaba muy triste, pero en el año mil cuatrocientos noventa y dos *(1492)* volvió y habló otra vez con Los Reyes Católicos. Les dijo a los reyes:

—Sus majestades, quiero ir a India. Por favor, ¿me pueden dar tres barcos? Tres barcos no son mucho para grandes reyes como ustedes.

El rey Fernando no quería hablar más con Colón, pero la reina Isabel tenía una pregunta. Le preguntó:

—¿Es la gente de India cristiana?

Colón le dijo —No, su majestad. La gente que vive en India no es cristiana.

La reina le dijo —Entonces usted necesita ir donde la gente de India, capitán. Usted necesita hablar con ellos en mi nombre.

—¡Sí! ¡Muy bien! Voy a hablar con ellos, su majestad. — Colón le dijo.

Así que los Reyes Católicos, le dieron tres barcos a Cristóbal Colón. Los barcos se llamaban *la Niña, la Pinta* y *la Santa María*. En el año mil cuatrocientos noventa y dos *(1492)* Colón cruzó el océano azul. Cruzó el Océano Atlántico para ir a India.

Colón quería ir a India pero no fue a India. En realidad, él fue a Centroamérica y a Sudamérica. Colón encontró el Nuevo Mundo, pero irónicamente el gran navegador y explorador no lo supo.

La fecha fue el doce de octubre de mil cuatrocientos noventa y dos. Así que cada año la gente de Norteamérica celebra *Columbus Day* el doce de octubre. La gente de Centroamérica y Sudamérica también celebra, pero en este día ellos celebran el *Día de la Raza*. En Latinoamérica se celebra el Día de la Raza el doce de octubre porque fue en esta fecha que empezó una nueva « raza » de personas: la gente hispanoamericana. Es una nueva raza porque es una combinación de personas: una combinación de los europeos con los indígenas de las Américas.

El fin.

Conexiones
Bryce Hedstrom

LA HISTORIA DE CRISTÓBAL COLÓN: #3

El Capitán de los mares

Cristóbal Colón fue un capitán. Era italiano y originalmente vivía en Génova, Italia. Era un capitán famoso desde antes de ir a las Américas. A él le gustaba navegar por los océanos y le gustaba explorar. Tenía mucha experiencia navegando barcos por el Océano Atlántico, cerca de las costas de Europa y África.

Colón sabía mucho sobre barcos y tenía muchas ideas acerca de las diferentes rutas en el océano. Había viajado en casi todas las direcciones desde Europa: al este, al sur y al norte. También había viajado por todo el mar Mediterráneo. Había explorado la costa de África. Además, había viajado a Inglaterra, Irlanda y hasta a Islandia.

Colón había oído los cuentos de los vikingos acerca de las tierras al oeste de Groenlandia. También había oído los cuentos de Irlanda sobre los viajes a unas islas muy al oeste de Irlanda. Además, Colón había leído mucho. Había leído historias de los irlandeses, los griegos, los árabes y los chinos, y también el famoso libro viejo de otro italiano, Marco Polo. Por eso, Colón pudo combinar todas estas ideas y pudo pensar de una idea nueva.

La gran idea de Colón

Colón no pensaba que la tierra era plana. Como todas las personas educadas de su tiempo, él sabía que la tierra era redonda. Colón tuvo una idea nueva. La idea de Colón era viajar alrededor del mundo para ir a India. Pensaba que había una ruta por el océano hacia el oeste. Pensaba que podía llegar a Japón e India viajando hacia el oeste.

Era una buena idea, pero había un problema: Colón no sabía que la tierra era mucho más grande de lo que él había pensado. No sabía que había dos océanos en vez de uno. Y no sabía que el segundo océano, el Pacífico, era mucho más grande que el océano Atlántico. Tampoco sabía que había dos continentes grandes, Norteamérica y Sudamérica, entre los dos océanos.

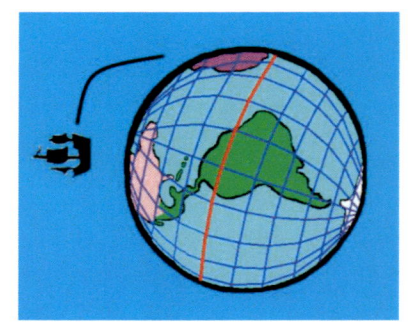

Nadie pensaba esto en el tiempo de Colón

Colón tenía una buena idea, pero había otro problema: No tenía barcos, ni dinero, y por eso no podía viajar a donde quería ir, pero tuvo otra idea.

Hacía muchos años Colón había vivido en Portugal, y su esposa era portuguesa. Por eso conocía a muchos portugueses ricos e influentes. Así que Colón se dijo, « Yo no soy un marinero, soy capitán. Soy un capitán famoso. Voy a hablar con el rey de Portugal. Voy a pedirle barcos. Portugal tiene muchos barcos y el rey probablemente quiera vender y comprar muchas cosas en India. Seguramente el rey de Portugal me va a dar barcos para explorar una ruta a India ».

Así que fue a hablar con el rey. Fue para pedirle barcos y para explicarle su idea de llegar al este a través del oeste.

Conexiones
Bryce Hedstrom

—Su majestad, quiero ir a India— Colón le dijo al rey —pero para ir a India necesito barcos. ¿Me puede dar barcos para ir?

Era el momento perfecto para ir a India porque muchos reyes europeos querían comprar y vender en el Oriente. Sin embargo el rey de Portugal miró a Colón y le dijo,

—Lo siento, capitán Colón. Ir a India cuesta mucho. No tengo el dinero y además, no pienso que su idea de llegar al este a través del oeste es una buena idea. No voy a darle barcos para ir a India. No soy un rey rico. No tengo barcos extras suficientes.

Los Reyes Católicos

Colón estaba frustrado, pero no volvió a Italia porque tuvo otra idea. Esta idea realmente fue una idea fantástica. Colón se dijo:

—Necesito hablar con otro rey. Así que voy a hablar con el rey de España. —Entonces Colón fue donde el rey de España.

El rey de España se llamaba Fernando y la reina se llamaba Isabel. Como todos los reyes de España, Fernando e Isabel eran católicos. Fernando e Isabel eran católicos muy serios y famosos, y por eso se llamaban « Los Reyes Católicos ».

Entonces Colón habló con los Reyes Católicos y les preguntó:

—Majestades, quiero ir a India, pero no tengo barcos. Por favor, ¿me pueden dar barcos y dinero para ir a India?

—Lo siento mucho, pero no —le respondió el rey Fernando—. Yo he tenido muchos problemas con los moros. Todavía están en España. En este momento no tenemos suficiente dinero.

Ahora Colón estaba muy triste. Quería ir a India, pero para ir a India necesitaba barcos. También necesitaba dinero. No sabía qué hacer, pero quería seguir con su idea. Les había pedido ayuda a dos reyes, y los dos le habían dicho que no iban a ayudarle.

Colón era muy persistente, así que en el año mil cuatrocientos noventa y dos, Colón volvió a hablar con los Reyes Católicos. Habló con el rey Fernando primero y le dijo:

—Su majestad, ir a India realmente es una buena idea. Si yo fuera a India, España tendría mucho más dinero.

Conexiones
Bryce Hedstrom

Y le pidió el favor otra vez,

—Su majestad, quiero ir a India. Yo sé que una ruta al oeste existe. Sólo necesito encontrarla. ¿Me puede dar tres barcos, por favor? Tres barcos no son muchos para un gran rey como usted.

El rey Fernando no quería hablar más con Colón y no le respondió, pero la Reina Isabel quería hablar con él un poco más. Ella le tenía una pregunta. La reina le dijo:

—Nosotros ya no tenemos problemas con los moros porque ya no están aquí en España. Por fin han vuelto a África.

Entonces ella le preguntó a Colón:

—¿Es cristiana la gente de India?

—No, su majestad. La gente que vive en India no es cristiana —Colón le respondió.

La reina Isabel le dijo, —Entonces usted necesita ir donde la gente de India. Usted necesita hablar con ellos sobre de la Palabra de Dios y la religión cristiana en mi nombre.

—¡Sí, su majestad! ¡Entonces voy a ir a India!—exclamó Colón—. Voy a hablar con ellos en su nombre. Voy a encontrar una ruta a India para la gloria de España y para la gloria de Dios.

Isabel quería darle barcos a Colón, pero no tenía suficiente dinero. No podía pagar. Tuvo que vender sus propias joyas para comprar los tres barcos para el capitán. Con el dinero, ella compró tres barcos y se los dio a Cristóbal Colón. Los barcos se llamaban *la Niña*, *la Pinta*, y *la Santa María*. Con estos barcos, Colón salió a buscar una nueva ruta a India viajando hacia el oeste.

Así que en el año mil cuatrocientos noventa y dos, Colón cruzó el océano azul. Cruzó el Océano Atlántico con los tres barcos y con muchos hombres en un viaje de treinta y seis días.

El Nuevo Mundo

Colón quería ir a India, pero hubo un problema, no fue a India. En realidad, llegó a las Américas. Colón encontró dos continentes nuevos para los europeos. Encontró el Nuevo Mundo, pero él no lo sabía. Pensaba que había encontrado la India, y por eso las islas al norte del mar Caribe se llaman las Indias Occidentales, *The West Indies*. Se puede decir que Cristóbal Colón realmente no sabía dónde estaba y no sabía lo que había encontrado. Es irónico que un navegador y explorador tan famoso nunca se dio cuenta dónde estaba ni supo qué había encontrado.

Pero los viajes de Colón cambiaron el mundo. En vez de descubrir una ruta a India, los viajes de Colón conectaron los dos hemisferios del mundo. Esta conexión cambió muchísimo el Nuevo Mundo, pero también cambió el Viejo Mundo. Antes de Colón, los dos lados del mundo no estaban conectados. Era como si las personas en las dos partes del mundo vivieran en diferentes planetas. Después de Colón, estos dos mundos se dieron mucho el uno al otro. Fue el intercambio más grande del mundo. Comidas, animales, enfermedades, riquezas, minerales, productos, ideas y personas viajaron alrededor del mundo a consecuencia de los viajes de Colón.

Muchas comidas importantes viajaron alrededor del mundo como consecuencia de esta nueva conexión. El maíz de Centroamérica fue a India. Las papas de Perú fueron a Irlanda y a Rusia. Los tomates de México y Sudamérica eventualmente llegaron a Italia. El trigo de Europa fue a Norteamérica. La caña de azúcar llegó al Caribe y en poco tiempo, el azúcar de Cuba era más importante para España que el oro y la plata.

Los europeos también llevaron animales al Nuevo Mundo: vacas, puercos, gallinas y muchos más. Los pavos de Norteamérica fueron al Viejo Mundo. Estos intercambios de comida mejoraron las dietas de casi todas las personas de todo el mundo.

Pero no todos los cambios fueron buenos. Los españoles también llevaron esclavitud, armas de fuego, caballos y especialmente enfermedades nuevas, las cuales mataron a millones de los habitantes indígenas.

El Día de la Raza

La fecha del descubrimiento del Nuevo Mundo fue el doce de octubre del año mil cuatrocientos noventa y dos. Así que cada año, el doce de octubre, la gente de Norteamérica celebra el Día de Colón, o sea, *Columbus Day*. Desde el año mil novecientos setenta y uno, *Columbus Day* ha sido un día de fiesta oficial en los Estados Unidos.

La gente de México, Centroamérica y Sudamérica celebra en este día también, pero allá no se llama el Día de Colón. Todos celebran **el Día de la Raza**. En Latinoamérica, el doce de octubre, se celebra el Día de la Raza porque fue en esta fecha que empezó una raza nueva: la gente hispanoamericana. Es una raza nueva porque es una combinación nueva de personas. Es una combinación de los europeos de España con la gente indígena de las Américas. La palabra *raza* en El Día de la Raza significa la raza de los hispanos del Nuevo Mundo.

El fin.

Un resultado notable en todo el mundo de los viajes de Colón fue **El Gran Intercambio de Colón:** Por la primera vez, había cambio en una escala grande entre los hemisferios del este y el oeste. Plantas, animales, personas, productos e ideas fueron cambiados y esto enriqueció el mundo entero. Esta idea es explorado en un artículo en la página 21.

Conexiones
Bryce Hedstrom

CONEXIONES CON... LA GEOGRAFÍA, LAS CIENCIAS y LAS MATEMÁTICAS
¿POR QUÉ EXISTEN LAS ESTACIONES?

VERBOS	GEOGRAFÍA y CLIMA		OTRAS PALABRAS
apunta *it points*	**alto** *high*	**sur** *south*	**a causa de** *because of*
cambian *they change*	**cielo** *sky*	**tierra** *earth*	**alrededor de** *around*
comienza *starts*	**estación** *season*	**verano** *summer*	**aunque** *although*
creen *they believe*	**grados** *degrees*	**viaje** *a trip*	**afuera de** *away from*
recibe *receives*	**hemisferio** *hemisphere*		**casi** *almost*
no tiene nada que ver con *it has nothing to do with*	**invierno** *winter*		**cerca de** *close to*
	mes *month*		**durante** *during*
	norte *north*		**hacia** *towards*
	polo *pole*		**igual** *equal*
	rayos *rays*		**medio** *half*
	sol *sun*		

La tierra hace un viaje alrededor del sol cada año, y durante el viaje las estaciones cambian. Muchas personas creen que las estaciones del año cambian a causa de la distancia de la tierra al sol. Pero en realidad, la distancia del sol no tiene nada que ver con las estaciones del año porque las estaciones son diferentes en los hemisferios diferentes. La estación en el hemisferio del norte es diferente a la del hemisferio del sur. Cuando es el verano en los Estados Unidos, es el invierno en la Argentina. Cuando es el invierno en México, es el verano en Chile. Aunque las estaciones son diferentes, la distancia de la tierra al sol es más o menos igual.

el invierno en el hemisferio del norte

La tierra apunta afuera del sol, así que los rayos son más indirectos.

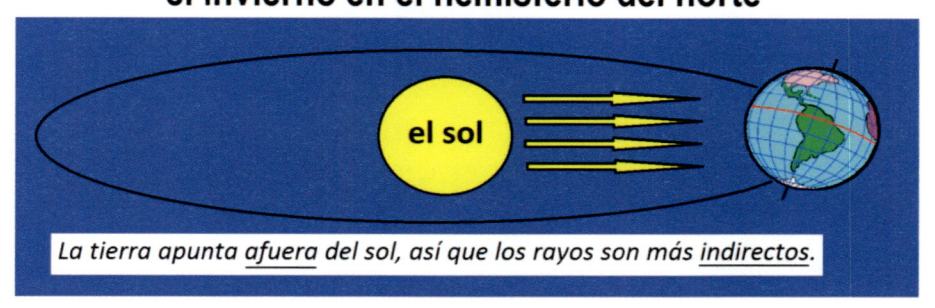

el verano en el hemisferio del norte

La tierra apunta hacia el sol, así que los rayos son más directos.

Conexiones
Bryce Hedstrom

Las estaciones existen porque la tierra está inclinada en su órbita. La rotación de la tierra en su axis no es perpendicular a su órbita. La tierra está inclinada veinte y tres grados y medio (23 ½°) con respecto a su órbita. En el mes de diciembre, el Polo Norte apunta hacia afuera del sol. Esto significa que la luz no es muy directa durante diciembre en el hemisferio del norte. El sol no está muy alto en el cielo.

En el mes de diciembre el Polo Sur apunta hacia el sol, y los rayos del sol son más directos allí, así que el hemisferio del sur recibe más luz y más calor en diciembre. Por eso, el verano comienza en diciembre en el hemisferio del sur.

> La rotación de la tierra en su axis no es perpendicular a su órbita. La tierra está inclinada a los veinte y tres grados y medio (23 ½°).

Seis meses después, en el mes de junio, el Polo Norte apunta hacia el sol: Es el verano en el hemisferio del norte, y el invierno en el hemisferio del sur.

El verano

En el verano la luz del sol es más directa y más intensa, y por eso hace más calor.

El invierno

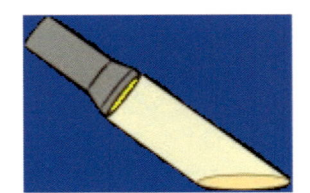

En el invierno la luz del sol es indirecta. La luz no es fuerte, y por eso hace más frío.

El axis de la tierra está inclinado veintitrés grados y medio (23 1/2°), así que la tierra **casi** nunca está perpendicular comparada con el sol. Cuando es verano en Norteamérica, es porque el Polo Norte apunta hacia el sol. En el verano, el Hemisferio del Norte recibe más luz porque los rayos del sol son más directos y fuertes, y por eso la tierra en el Hemisferio del Norte se calienta.

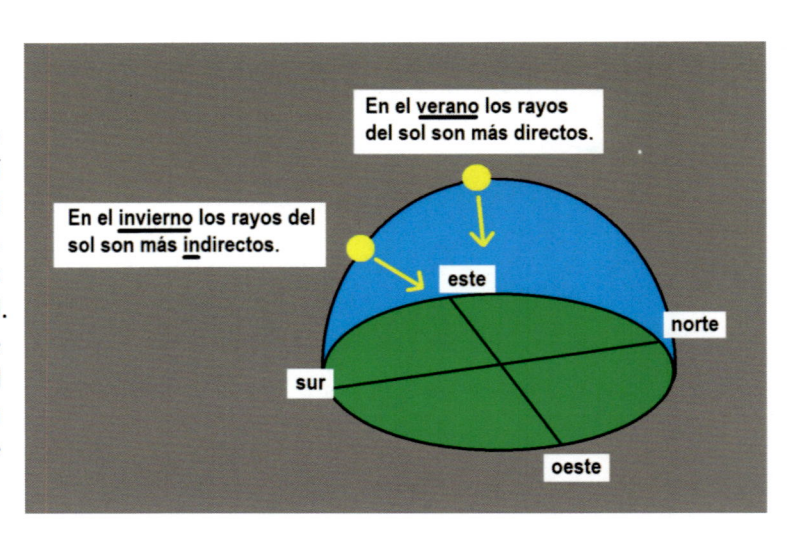

Durante el invierno en el Hemisferio Norte, el Polo Norte apunta hacia **afuera** del sol. Los rayos del sol son más indirectos y el hemisferio norte recibe menos luz, y como resultado hace frío.

El fin.

Conexiones
Bryce Hedstrom

CONEXIONES CON... LA GEOGRAFÍA, LA HISTORIA, LAS CIENCIAS y LAS MATEMÁTICAS

¿CÓMO SABEMOS QUE LA TIERRA ES REDONDA?
How Do We Know that The Earth is Round?

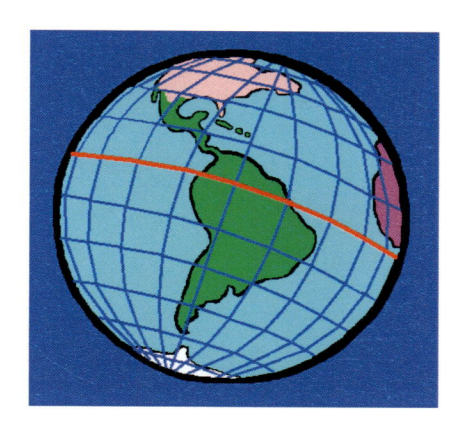

PARTE I:
¡TODOS LAS PERSONAS DE LA ANTIGÜEDAD YA LO SABÍAN!
ALL OF THE ANCIENTS ALREADY KNEW IT!

1. CRISTÓBAL COLÓN YA LO SABÍA

Muchas personas creen que Cristóbal Colón probó que la tierra era redonda. Pero Colón y los Reyes Católicos de España nunca pensaron que los barcos iban a desaparecerse cuando llegaran al fin del océano. Sabían perfectamente que la tierra era redonda. De hecho, todas las personas educadas desde la época de los griegos antiguos sabían que la tierra era redonda. Cristóbal Colón no tenía que probar que la tierra era redonda porque ya lo sabía. Todos ya lo sabían.

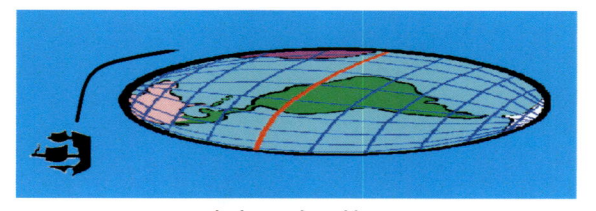

Cristóbal Colón

En la época de Colón nadie pensaba que esto iba a pasar

creen they believe	**probó** proved	**tierra** earth	**redonda** round
reyes kings	**pensaban** thought	**barcos** ships	**iban** were going
desaparecerse to disappear	**de hecho** in fact	**griegos** Greeks	**antiguos** ancient

El mito de que Cristóbal Colón probó que la tierra no era plana fue inventado por Washington Irving, un hombre de gran imaginación quien fue el autor de *Rip Van Winkle* y *The Legend of Sleepy Hollow.* Irving vivía en el estado de Nueva York en los Estados Unidos y escribió un libro acerca de Cristóbal Colón en el año mil ochocientos veintiocho (1828). Muchas personas todavía creen el mito hasta hoy, pero no es verdad, y nunca fue verdad.

mito *myth* **plana** *flat* **vivía** *lived* **siglo** *century*

2. LOS GRIEGOS ANTIGUOS YA LO SABÍAN

¿Cómo sabemos que la tierra es redonda? Si no tuviéramos satélites o fotos desde el espacio, ¿cómo sabríamos que la tierra es redonda? ¿Es posible demostrar que la tierra es redonda sin usar fotos desde el espacio? ¿Cómo supieron las personas de la antigüedad que la tierra era redonda sin salir de la superficie de la tierra?

redonda *round* **si no tuviéramos** *if we didn't have* **desde** *from* **espacio** *space*
sabríamos *would we know* **sin** *without* **supieron** *they figured out* (saber)
la superficie *the surface*

"Los extraterrestres le explicaron todo a la gente antigua" es una respuesta popular en los programas de la televisión, pero no se necesita a los extraterrestres para explicarlo. Una manera más fácil es por medio de la observación y la razón. Los griegos antiguos observaban desde la superficie de la tierra y pensaban en diferentes maneras de demostrar que la tierra realmente era redonda.

extraterrestres *extraterrestrials* **respuesta** *answer* **demostrar** *to show*

Conexiones
Bryce Hedstrom

PARTE II:

¿CÓMO LO SABÍAN?

¿CÓMO SABÍAN QUE LA TIERRA ERA REDONDA?

Abajo hay cinco maneras de probar que la tierra es redonda solamente usando la observación y la razón:

1. **Los eclipses de luna**
2. **Los barcos en el océano**
3. **Los otros objetos redondos en el cielo**
4. **Las estrellas al norte y al sur del ecuador**
5. **El ángulo de la sombra del sol en diferentes lugares**

Los griegos antiguos sabían todas estas maneras de probar que la tierra era redonda. Qué inteligentes eran, ¿no? Aquí están las explicaciones de la gente antigua:

maneras *ways*   **de probar** *of proving*   **solamente** *only*   **razón** *reason*

1. LOS ECLIPSES DE LUNA   *ECLIPSES OF THE MOON*

(No son los tamaños reales)

Conexiones
Bryce Hedstrom

Durante un eclipse de luna, la sombra de la tierra pasa enfrente de la luna. Un eclipse de luna pasa durante la noche y dura mucho tiempo—puede durar hasta dos horas. Al principio del eclipse, hay una sombra curva. Al final del eclipse, la sombra se curva en una dirección diferente.

durante *during*	**luna** *moon*	**sombra** *shadow*	**dura** *lasts*
hasta *up to*	**al principio** *at the beginning*	**al final** *at the end*	

Por eso se puede razonar que una sombra gigante y redonda pasa entre el sol y la luna y que debe ser la sombra de la tierra. Muchas formas geométricas pueden tener sombra circular. Solamente una forma geométrica tiene sombra circular desde todos los ángulos. La única forma que siempre tiene sombra curva desde todos los ángulos es una esfera. Por eso los griegos razonaron que la tierra debe ser una esfera.

se puede razonar *you can reason*   **entre** *between*   **debe ser** *must be*   **esfera** *sphere*

2. LOS BARCOS EN EL OCÉANO   *SHIPS ON THE OCEAN*

Parece que los barcos en el océano se hunden cuando viajan lejos de la tierra.

Cuando un barco sale de la costa es grande. Mientras más lejos viaja, más pequeño parece. Pero también cuando viaja parece que el barco se hunde en el océano. Así mismo, una persona que está observando los barcos desde una montaña o una torre alta puede verlos por más tiempo que una persona que los observa desde el nivel del mar. Si la tierra fuera plana esto no pasaría. Si la tierra no fuera curva el barco solamente parecería más pequeño.

barco *ship*	**parece** *it seems*	**se hunde** *it sinks*	**si… no fuera** *if it were not*
no pasaría *it wouldn't happen*	**nivel del mar** *sea level*	**parecería** *it would seem*	**solamente** *only*

Una cosa similar pasa al revés cuando se viaja hacia las montañas desde los planos. Desde lejos se puede ver solamente los picos de las montañas. Mientras más cerca se está de las montañas, más se elevan. Por pensar en estas dos observaciones se puede pensar que la tierra es redonda.

Conexiones
Bryce Hedstrom

al revés *in reverse*	**desde** *from*	**desde lejos** *from far away*
picos *peaks*	**insinuar** *to insinuate*	

3. OTROS OBJETOS REDONDOS EN EL CIELO   *OTHER ROUND OBJECTS IN THE SKY*

El sol es redondo. La luna es redonda. ¿Puede ser la tierra redonda también?

Hay muchos objetos en el cielo, y casi todos son redondos. El sol, la luna y los planetas que podemos ver en el cielo son redondos, así que esto puede dar un indicio de que quizás otros objetos también son redondos. Quizás la tierra también sea redonda.

cielo *sky*   **indicio** *hint*   **quizás** *perhaps*

4. LAS ESTRELLAS AL NORTE Y AL SUR DEL ECUADOR
THE STARS NORTH AND SOUTH OF THE EQUATOR

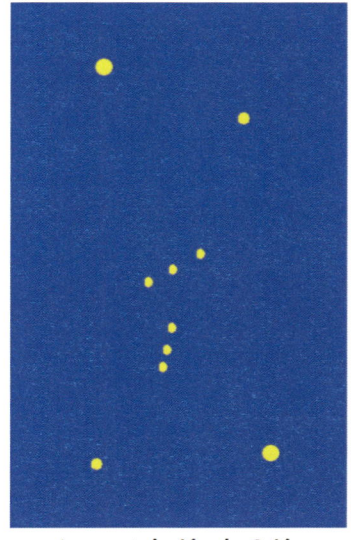

La constelación de *Orión* al norte del ecuador

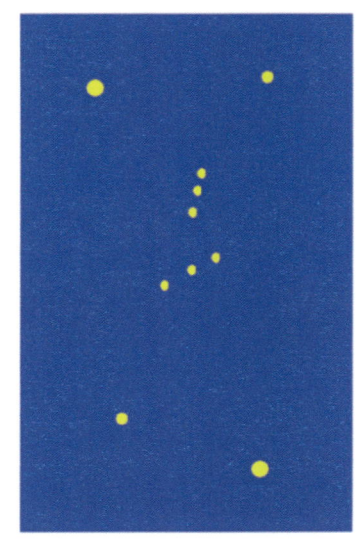

La constelación de *Orión* al sur del ecuador

Las estrellas se ven diferentes desde diferentes partes de la tierra. Si una persona viaja una gran distancia hacia el norte o hacia el sur las estrellas en el cielo, de noche, se ven diferentes. Por ejemplo, la constelación de *Orión* está boca abajo al sur del ecuador. También la estrella *Polaris,* o sea la Estrella del Norte, está más bajo en el horizonte cuando uno viaja hacia el sur. Después de mucho tiempo viajando hacia el sur ya no se puede ver *Polaris.* Hoy sabemos que esto pasa cuando estamos al sur del ecuador, Las personas antiguas no conocían este concepto, pero podían observar el fenómeno.

estrellas *stars*	**se ven** *they look*	**desde** *from*	**hacia** *towards*
cielo *sky*	**ejemplo** *example*	**boca abajo** *upside down*	**o sea** *that is*

Un cambio en la posición de las estrellas no puede pasar desde una superficie plana. Si la tierra fuera plana, todas las estrellas se verían iguales en todas las partes. No se ven así, entonces la superficie de la tierra debe ser curva. Una curva que continua en todas direcciones es una esfera.

cambio *change*	**superficie plana** *flat surface*	**si… fuera** *if it were*
se verían *would look*	**debe ser** *must be*	**esfera** *sphere*

5. <u>EL ÁNGULO DE LA SOMBRA DEL SOL EN DIFERENTES LUGARES</u>

Un griego antiguo que se llamaba Eratóstenes *(Eratosthanes)* vivió entre los años 276-195 a. C. *(B.C.).* Eratóstenes hizo un experimento famoso en el que midió el ángulo del sol al mediodía en la ciudad de Alejandría *(Alexandria)*, Egipto y en Siena *(Syene)*, Egipto. Siena era una ciudad en el Río Nilo, en el sur de Egipto. Hoy la ciudad de Siena se llama Asuán *(Aswan),* y todavía está en Egipto.

griego antiguo *ancient Greek*
vivió *lived* **hizo** *did* **midió** *measured*
ángulo *angle* **mediodía** *noon* **Nilo** *Nile*

Eratóstenes fue a Siena y observó que los rayos del sol eran verticales el veintiuno de junio, durante el solsticio del verano. Siena estaba muy cerca del Trópico de Cáncer, así que al mediodía, en esta fecha, los rayos del sol están a casi noventa grados (90º), o sea, directamente sobre las cabezas. Por eso allí, el veintiuno de junio, los objetos verticales no tienen sombras.

fue *went* **eran** *they were*
solsticio del verano *summer solstice* **estuvo** *was*

Un mapa de parte de Egipto anciano

Conexiones
Bryce Hedstrom

Años después, Eratóstenes estuvo en Alejandría en la misma fecha, el veintiuno de junio. Observó las sombras otra vez. Pero en Alejandría, los objetos verticales sí tenían sombras. Entonces Eratóstenes combinó dos conceptos de la geometría. Fue una observación original y brillante.

1) En un triángulo recto, si sabemos la distancia de dos lados (lado **a** y lado **b** en el dibujo) podemos saber los otros ángulos (como el ángulo **z**).

    triángulo recto *right triangle*   **lado** *side*   **podemos** *we can*

En el dibujo, lado **a** representa un palo, y lado b representa la sombra del palo. Con la geometría simple Eratóstenes podía saber que el ángulo de la luz del sol fue un poco más de siete grados (7°).

    palo *pole*   **sombra** *shadow*   **fue** *was*   **grados** *degrees*

2) La distancia entre Alejandría y Siena (Asuán / Aswan) era de cinco mil (5.000) estadios. Los egipcios sabían la distancia exacta entre las dos ciudades a causa de las caravanas y los soldados que siempre viajaban al lado del Río Nilo.

    entre *between*   **estadios** *stadias (an ancient measurement of distance, about 600 feet, or 1/10 mile)*
    a causa de *because of*   **soldados** *soldiers*   **viajaron** *traveled*   **al lado de** *beside*

Un círculo tiene trescientos sesenta grados (360°). Siete grados y doce minutos dividido entre trescientos sesenta grados (7°12'/360°) es igual a uno sobre cincuenta (1/50). Así que Eratóstenes decidió que la circunferencia de la tierra debía ser cincuenta multiplicado por cinco mil estadios (50 x 5,000), o el equivalente a cuarenta mil (40.000) kilómetros.

    grados *degrees*   **debe ser** *must be*

Eratóstenes observó que los objetos verticales no tenían sombras al mediodía en la ciudad de Siena (se llama *Aswan* hoy en día) durante el solsticio del verano—el veintiuno de junio. Pero en Alejandría, muchas millas al norte, sí había sombras en esa fecha.

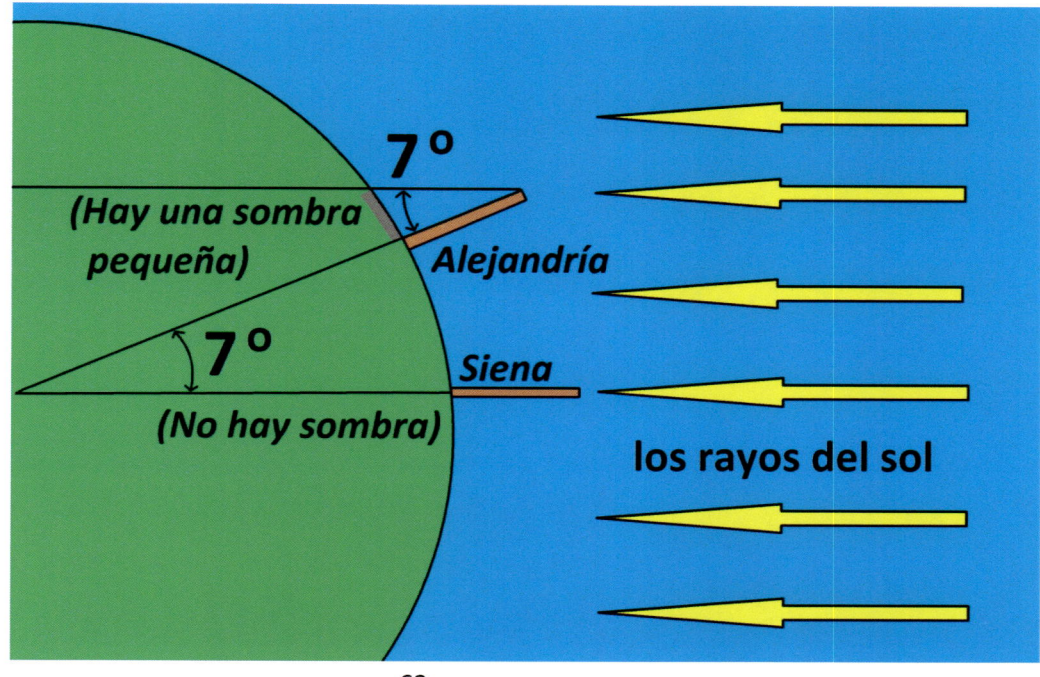

7°
(Hay una sombra pequeña)
Alejandría
7°
Siena
(No hay sombra)
los rayos del sol

Conexiones
Bryce Hedstrom

Las calculaciones de Eratóstenes fueron muy precisas, casi exactas. Cuarenta mil (40.000) kilómetros, o sea, 25.000 millas, es casi la circunferencia exacta de la tierra que podemos calcular hoy con nuestra tecnología avanzada. Hoy con la tecnología moderna sabemos que la circunferencia de la tierra es 40.075 kilómetros (24.901 millas). Eratóstenes descubrió este número solamente por observar y pensar. Usando la observación y la razón él podía encontrar la circunferencia de la tierra.

fueron *they were*   **o sea** *that is*   **millas** *miles*

Millones de personas habían vivido antes que Eratóstenes, pero ninguno de ellos pudo combinar los datos para probar que la tierra era una esfera y así descubrir su circunferencia. Nosotros no siempre necesitamos la tecnología para aprender y descubrir nuevas ideas. También podemos descubrir mucho usando solamente la observación astuta y el pensamiento claro.

habían vivido *had lived*   **datos** *facts*   **esfera** *sphere*

El fin.

Conexiones
Bryce Hedstrom

DICCIONARIO CULTURAL y GEOGRÁFICO de LATINOAMÉRICA

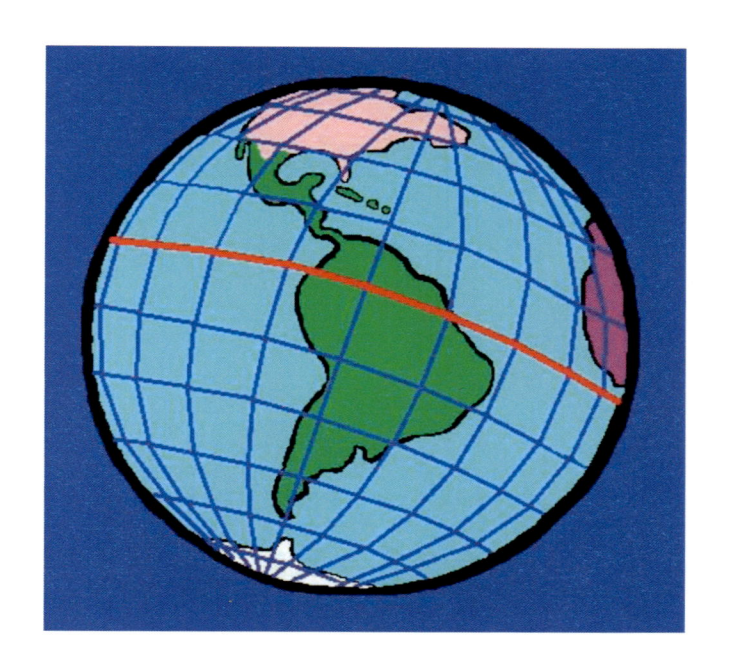

KEY: * (Words with asterisks) = *Countries and Capital Cities of Latin America*

Highlighted Terms = *Important cross-curricular information*
(Key places to know in geography and history)

Non-highlighted Terms = *Nice to know about Latin America*

CAPITALIZED WORDS = *Words that are defined elsewhere in this dictionary*

Conexiones
Bryce Hedstrom

Aconcagua   Es la montaña más alta de las Américas. Es más alta que *Mt. McKinley* en Alaska. Aconcagua está en la frontera entre ARGENTINA y CHILE.

Altiplano, El *(The High Plain)*   Es un área muy alta y ancha en los ANDES. Es la meseta más grande y alta del mundo, con una altura de 12.500 pies. Partes del altiplano también están en CHILE, PERÚ y ARGENTINA.

Amazonas, El Río *(The Amazon River)*   El Río Amazonas es el río más grande del mundo. No hay ningún río que tenga más agua. No es el río más largo del mundo, ese es el Río Nilo en África. El Río Amazonas comienza en PERÚ, pasa por el norte de BRASIL, y termina en el OCÉANO ATLÁNTICO. Los ríos tributarios del Río Amazonas también pasan por ECUADOR, BOLIVIA, VENEZUELA, COLOMBIA, Guyana y Surinam—ocho países en total.

EL RÍO AMAZONAS ES UNA JOYA DE LA NATURALEZA
- El Río Amazonas es una de las **Nuevas Siete Maravillas de la Naturaleza**.
- La selva tropical de la región del Amazonas produce veinte por ciento *(20%)* del oxígeno en la tierra.
- Una de cada diez especies de animales en el mundo vive en la selva amazónica.
- Las pirañas viven en los lagos y en los ríos de todos los países de SUDAMÉRICA excepto en CHILE, pero son especialmente comunes en el Río Amazonas.

EL RÍO AMAZONAS ES GRANDÍSIMO
- El Río Amazonas es tan grande que los barcos grandes del océano pueden navegar por el río hasta Perú.
- El Río Amazonas es más grande que los otros ocho ríos más grandes del mundo <u>combinados</u>.
- Tiene **trece veces más agua** que el Río Mississippi en los Estados Unidos.
- Es tan grande que delfines (el delfín rosado) viven en el agua dulce del río. Estos delfines no viven en el agua salada del océano, sino solamente en el río.
- El Río Amazonas empuja tanta agua al OCÉANO ATLÁNTICO que hay agua dulce *(fresh water)* en el océano a más de cien millas de distancia de la boca del río.

Conexiones
Bryce Hedstrom

El **delfín rosado** vive solamente en el Río Amazonas, y frecuentemente come pirañas.

Las **pirañas** viven en el Amazonas y en muchos otros ríos de Sudamérica.

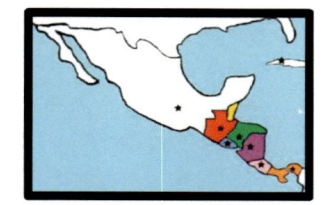

América Central *(Central America)*   Es una región cultural en la parte sur de NORTEAMÉRICA. También se llama CENTROAMÉRICA. América Central no es un continente. Su tamaño es igual al del estado de California.

América del Norte *(North America)*   Continente en la parte norte del HEMISFÉRIO OCCIDENTAL.

América del Sur *(South America)*   Continente en la parte sur del HEMISFÉRIO OCCIDENTAL

Andes, Los *(the Andes)*   Es un sistema de montañas en SUDAMÉRICA, que pasa por todo el continente cerca de la costa del OCÉANO PACÍFICO. Es la cadena de montañas más larga del mundo.

Ángel, el Salto de *(Angel Falls)*   El Salto de Ángel es la cascada de agua más alta del mundo. El agua cae por más de tres mil (3.000) pies desde un TEPUI en la selva de VENEZUELA. El Salto del Ángel es un destino popular entre los turistas, pero es difícil llegar allí porque está en la selva. Es un tesoro nacional de VENEZUELA.

- El Salto de Ángel es quince veces más alto que *Niagara Falls* en los Estados Unidos.
- Se puede ver el Salto de Ángel en la película de Disney *Up (2009)*. Se llama *Paradise Falls* en la película.
- El Salto de Ángel también aparece en la película de horror *Arachnophobia* (1990).
- Se llama "El Salto de Ángel" porque un piloto de Los Estados Unidos que se llamaba *Jimmie Angel* lo descubrió en el año mil novecientos treinta y tres *(1933)* mientras buscaba oro.

Conexiones
Bryce Hedstrom

Antártida *(Antarctica)*   Es el continente más al sur del mundo. Queda en el Polo Sur de la tierra. Se habla el español porque ARGENTINA y CHILE tienen bases militares y científicas allí.

* Argentina   Es un país que está al sur en SUDAMÉRICA. La ciudad más grande y capital del país es BUENOS AIRES.

- Argentina es el país de habla hispana más grande del mundo, en cuanto al área total:
    - Es el octavo *(8º)* país más grande del mundo.
    - Argentina es casi del tamaño de India, pero tiene una población mucho más pequeña.
- La montaña más alta de las Américas, ACONCAGUA, está en Argentina y en CHILE.
    - ACONCAGUA es más alta que *Mount McKinley* en Alaska.
- Comparte con BRASIL la grande y famosa cascada de agua, la CATARATA DE IGUAZÚ.
- Hay muchas vacas en Argentina.
- Los vaqueros de Argentina se llaman GAUCHOS.

* Asunción   Es la capital de PARAGUAY.

Atacama, el Desierto de *(the Atacama Desert)*   Es un desierto que está en el norte de CHILE entre el OCÉANO PACÍFICO y las montañas de los ANDES.
- El Desierto de Atacama es el desierto más seco del mundo.
    - --En muchas partes no hay plantas y no hay nada verde, ni siquiera cactos.
    - --Es cincuenta veces más seco que *Death Valley* en el estado de California en los Estados Unidos.
    - --Hay partes del Desierto de Atacama que han visto la lluvia solamente una vez en quinientos años.
    - --No hubo lluvia en el Desierto de Atacama entre los años mil quinientos setenta *(1570)* y mil novecientos setenta y uno *(1971)*.
    - --Es tan seco que NASA fue allí para practicar los viajes a la luna y al planeta Marte. La tierra en esos dos lugares es muy similar.
- El Desierto de Atacama no es un desierto caliente como el Sahara. Es un desierto frío.
- Hay muchos minerales en el Desierto de Atacama, y por eso hay personas que viven allí.
    - --Hay cobre, oro, y plata.

Atitlán, Lago de *(Lake Atitlán)*   Es un lago grande y bonito en las montañas del suroeste de GUATEMALA. Está al noroeste de la ciudad colonial de Antigua. Hay tres volcanes bonitos alrededor del lago. Es el destino de muchos turistas de todo el mundo.

Atlántico, Océano, el *(the Atlantic Ocean)*   Es el océano que separa NORTEAMÉRICA y SUDAMÉRICA de Europa y África. Es el segundo océano más grande del mundo.

Conexiones
Bryce Hedstrom

Aztecas, los *(The Aztecs)* Es la gente indígena de MÉXICO. Los aztecas controlaron la región central de MÉXICO antes de la conquista por los españoles en el año de mil quinientos veintiuno *(1521)*.

El imperio azteca en el año de mil quinientos diez y nueve *(1519)*.

La ciudad capital de los aztecas se llamaba Tenochtitlán.
- Tenochtitlán fue la ciudad más grande del mundo durante el tiempo de los aztecas.
- Tenochtitlán estaba en medio de un gran lago.
- La moderna CIUDAD DE MÉXICO (MÉXICO, D.F.), está en el mismo lugar de Tenochtitlán.

Los aztecas tenían una civilización avanzada, pero eran crueles.
- Normalmente los aztecas conquistaron a los grupos indígenas cercanos
- Sacrificios humanos de miles de personas eran comunes.

El calendario azteca
Este no es el calendario maya.
Es el calendario de los aztecas.
Ninguno de los dos calendarios puede predecir el futuro.

Balboa, Vasco Núñez de Explorador español del siglo dieciséis (XVI) que descubrió el OCÉANO PACÍFICO al cruzar el ISTMO DE PANAMÁ. Balboa declaró que el OCÉANO PACÍFICO era para el país de ESPAÑA. Por eso, se habla el ESPAÑOL en todos los países en la costa occidental de SUDAMÉRICA y CENTROAMÉRICA, y también al otro lado del océano, en las FILIPINAS.

* **Bogotá** Es la capital de COLOMBIA, y también la ciudad más grande del país. Está en el centro del país.

Conexiones
Bryce Hedstrom

Bolívar, Simón   Fue el libertador de muchos países de SUDAMÉRICA de los españoles. El país de BOLIVIA tiene su nombre por Simón Bolívar.

* **Bolivia**   Es un país en el oeste de SUDAMÉRICA. Tiene dos capitales: LA PAZ y SUCRE.

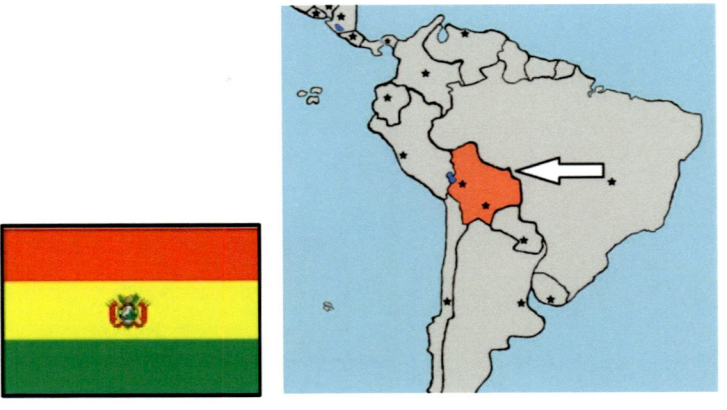

- Bolivia tiene dos ciudades capitales a causa de las muchas revoluciones que ha tenido.
    - Hay aproximadamente una revolución cada año.
    - Cuando hay una revolución se cambia la capital a la otra ciudad.
- Tiene la ciudad capital más alta del mundo: LA PAZ.
- Comparte con PERÚ el grande y famoso LAGO TITICACA.
- El aeropuerto de LA PAZ se llama El Alto, y es el aeropuerto internacional más alto del mundo.
    - Tiene una altura de 4.058 metros (13.313 pies) sobre el nivel del mar.
    - Por eso, la pista de aterrizaje *(landing strip)* del aeropuerto es muy, muy, muy larga.
- EL ALTIPLANO está en Bolivia: Es un área muy alta y ancha en los ANDES.
    - Es la mesa más grande y alta del mundo, con una altura de 12.500 pies.
    - Partes del ALTIPLANO también están en CHILE, PERÚ y ARGENTINA.
- No tiene costa en el OCÉANO PACÍFICO.
- Bolivia es tres veces más grande que el estado de Montana.

* **Brasil** *(Brazil)*   Es el país más grande de SUDAMÉRICA.   Su capital se llama BRASILIA.

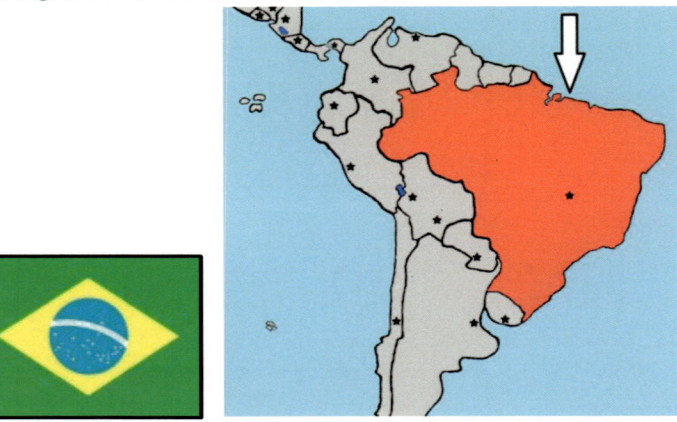

- Se habla el PORTUGUÉS en Brasil (el portugués es la lengua de Portugal). No se habla el ESPAÑOL.
- Todos los países en SUDAMÉRICA tienen una frontera con BRASIL, excepto CHILE y ECUADOR.

Conexiones
Bryce Hedstrom

- Brasil es el quinto (5º) país más grande del mundo.
- Construyeron su ciudad capital, BRASILIA, en el centro del país en el año de mil novecientos sesenta (1960).
- El magnífico RÍO AMAZONAS pasa por Brasil. Es el río más grande del mundo.
- Brasil comparte con ARGENTINA la famosa cascada de agua, LA CATARATA DE IGUAZÚ.
- La famosa estatua del CRISTO REDENTOR está en RÍO DE JANEIRO.
    EL CRISTO REDENTOR es una de las **Nuevas Siete Maravillas del Mundo Moderno** *(The New Seven Wonders of the World)* y se ve en muchas películas.
- El área de Brasil es sólo un poco más pequeña que la de los Estados Unidos (incluyendo Alaska y Hawái).

* **Brasilia** Es la capital de BRASIL. Está en la selva en el interior del país. Brasilia es una de las ciudades capitales más nuevas de mundo. Los brasileños construyeron la ciudad en el centro de Brasil para que la gente viniera a vivir a la ciudad , porque tradicionalmente mucha gente en Brasil había vivido en la costa.

* **Buenos Aires** Es la ciudad capital y la ciudad más grande de ARGENTINA. Está en el lado este del país cerca de URUGUAY. Es una de las ciudades más grandes de LATINOAMÉRICA.

Canal de Panamá, el *(the Panama Canal)*   Es el canal que conecta el OCÉANO ATLÁNTICO con el OCÉANO PACÍFICO. Está en el ISTMO DE PANAMÁ. Fue construido por los Estados Unidos, pero hoy en día es controlado por China. La entrada en el lado del Pacifico del canal está más al sur que la entrada en el lado del Atlántico.

* **Caracas** Es la capital de Venezuela.

Caribe, El Mar *(The Caribbean Sea)*   Es una parte del OCÉANO ATLÁNTICO que está al norte de SUDAMÉRICA y al sur de CUBA, HISPANIOLA, y PUERTO RICO. Está al este de la PENÍNSULA DE YUCATÁN y de CENTROAMÉRICA.

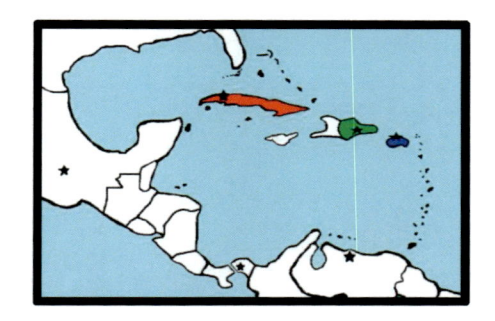

Carretera Panamericana, la *(the Pan-American Highway)* Es un camino muy largo que conecta NORTEAMÉRICA con SUDAMÉRICA. Comienza en el estado de Alaska, y termina en TIERRA DEL FUEGO, CHILE. La Carretera Panamericana es el camino más largo del mundo. Mide casi treinta mil millas de largo (29.800 millas). Se puede manejar en carro por casi toda la, Carretera Panamericana desde Alaska hasta ARGENTINA y CHILE. Hay solamente una pequeña parte en el sur del país de PANAMÁ por donde no se puede pasar.

Castro, Fidel (1926-2016) Fue el líder de la REVOLUCIÓN CUBANA. Desde el año mil novecientos cincuenta y nueve hasta dos mil ocho (1959 -2008) fue el dictador comunista de CUBA.

Centroamérica *(Central America)* Es la región en la parte sur de NORTEAMÉRICA. Centroamérica no es un continente. También se le llama AMÉRICA CENTRAL. Centroamérica es comparable a California en cuanto a su área y población, pero es mucho más pobre.

Conexiones
Bryce Hedstrom

Chichén Itzá Es una ciudad antigua de los MAYAS. Es una de las *Nuevas Siete Maravillas del Mundo*. Está en la PENÍNSULA DE YUCATÁN en el sureste de MÉXICO. La famosa pirámide, El Castillo o el templo de Kukulkán, está en Chichén Itzá.

El Castillo, o el templo de Kukulkán, es una pirámide famosa que está en **Chichén Itzá**. El veintiuno de marzo, en la mañana, cuando sale el sol se puede ver la figura de una serpiente en las escaleras.

* **Ciudad de Guatemala** *(Guatemala City)* Es la capital y la ciudad más grande de GUATEMALA.

* **Ciudad de Panamá** *(Panama City)* Es la capital y la ciudad más grande de PANAMÁ.

* **Chile** Es un país muy largo y estrecho en la costa oeste de LATINOAMÉRICA. Está al oeste de ARGENTINA. La ciudad más grande y la capital del país es Santiago. La bandera de Chile es similar a la bandera de Texas.

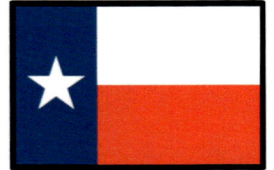

La bandera de Texas   **La bandera de Chile**

- El desierto más seco del mundo, el DESIERTO DE ATACAMA, está en el norte de Chile.
- La ciudad más húmeda del mundo, Valdivia, está en el sur de Chile.
- Hay muchas áreas para esquiar en Chile. Una área de esquí famoso se llama *Portillo*. Portillo es el *Aspen* o el *Vail* de Chile. Se puede esquiar en Portillo durante el mes de julio.
- La famosa ISLA DE PASCUA es parte de Chile. La isla tiene cientos *(100's)* de cabezas gigantes de piedra hechas por una civilización antigua.
- Chile es largo y también grande. Es dos veces más grande que el estado de Montana en los EE. UU.

Conexiones
Bryce Hedstrom

La Isla de Pascua es parte de Chile políticamente. Las misteriosas cabezas grandes de piedra en la Isla de Pascua se llaman *moais*.

Chupacabras, el *(the Goat Sucker)*   Es el monstruo que apareció en PUERTO RICO en los años noventa *(1990's)*. Se llama así porque chupa la sangre de las cabras y otros animales en la noche. Hay reportes de animales muertos y no hay reportes de ataques a personas por el chupacabras… todavía.

Un dibujo del **chupacabras**, basado en las descripciones de las personas que dicen que lo han visto.

Coquí   Es una rana pequeña que vive en los árboles de PUERTO RICO. El coquí es el símbolo nacional de la isla. Los coquíes cantan mucho por las noches en Puerto Rico.

Un dibujo de un **coquí**
Los coquíes son pequeños.
Miden solamente una pulgada *(1")* de largo.

* **Colombia**   Es un país en la parte norte de SUDAMÉRICA.   Su capital se llama Bogotá.

• El nombre de Colombia viene del nombre italiano de CRISTÓBAL COLÓN: *Cristoforo Colombo.*

Conexiones
Bryce Hedstrom

- Colombia es famoso por su café. Produce mucho café.
- En el pasado, Colombia ha tenido problemas con NARCOTRAFICANTES.
- Es el único país sudamericano que tiene costas en el MAR CARIBE y en el OCÉANO PACÍFICO.
- Colombia es dos veces más grande que el estado de Tejas.

Colón, Cristóbal *(Christopher Columbus)* Explorador italiano que descubrió el NUEVO MUNDO en el año de mil cuatrocientos noventa y dos *(1492)*. Comenzó en ESPAÑA y cruzó el OCÉANO ATLÁNTICO. El rey y la reina de España, Fernando e Isabel, le dieron dinero y barcos para su viaje.

Cristóbal Colón

Los barcos de Colón: La Niña, La Pinta y La Santa María

El Mundo Redondo: En el tiempo de Colón todos sabían que el mundo era redondo. No había ninguna persona educada que pensara que el mundo fuera plano ni que podían caer del mundo.

Nadie pensaba esto. → →

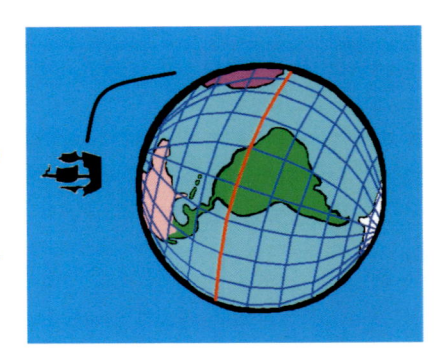

Cóndor andino *(the Andean Condor)* El cóndor andino es uno de los pájaros más grandes del mundo. Vive en las montañas de los ANDES y en la costa del OCÉANO PACÍFICO de SUDAMÉRICA. Los cóndores andinos son negros con plumas blancas en la base del cuello. El resto del cuello y la cabeza no tienen plumas. El cóndor andino es un símbolo nacional de ARGENTINA, BOLIVIA, CHILE, COLOMBIA, ECUADOR y PERÚ. Los cóndores pueden

Conexiones
Bryce Hedstrom

vivir hasta cien años en cautiverio.

Conquistadores, los *(the Conquistadors, or Conquerors)* Exploradores españoles que buscaban oro y conquistaron a la gente del Nuevo Mundo. Se consideran conquistadores a HERNÁN CORTÉS, FRANCISCO PIZARRO, y FRANCISO CORONADO. A veces se considera a CRISTÓBAL COLÓN un conquistador, pero en realidad COLÓN fue un explorador. Se dice que las motivaciones de los conquistadores eran el oro, la gloria y Dios.

Coronado, Francisco Fue un explorador español que viajó por el suroeste de los Estados Unidos en el siglo XVI. Coronado y sus hombres viajaron de México hasta el norte. Viajaron por el área de los estados modernos de Arizona, Nuevo México, Tejas, Oklahoma, Colorado y aún hasta el centro de Kansas cerca del pueblo de *Lindsborg, Kansas* dónde hay un cerro que se llama *Coronado Heights*. Uno de los hombres en el grupo de Coronado descubrió el Gran Cañón.

Corriente Humboldt *(The Humboldt Current)* La Corriente Humboldt es una corriente de agua fría en el OCÉANO PACÍFICO. También se llama la Corriente Peruana *(The Peru Current)*. Viaja hacia el norte, desde la ANTÁRDIDA hasta las ISLAS GALÁPAGOS en ECUADOR. La Corriente Humboldt pasa por la costa del oeste de CHILE y PERÚ. Las aguas frías de la Corriente Humboldt llevan mucho oxígeno y muchos nutrientes al océano cerca de Perú, y por eso hay muchos peces allí.

La Corriente Humboldt pasa por la costa del Pacífico de Sudamérica. Va desde la Antártida hacia el norte. Lleva agua fría y rica en nutrientes a la costa de Perú y a las Islas Galápagos. Estos nutrientes mantienen grandes números de peces, pájaros y animales.

- Las aguas cerca de Perú son frías y ricas en nutrientes a causa de la Corriente Humboldt, y por eso es alta en productividad de peces.
- Hay muchos peces allí. Casi veinte por ciento (20%) de los peces comerciales del mundo vienen de la costa de Perú
- El área de la Corriente Humboldt es solamente el uno por ciento (1%) de la superficie de todos los océanos del mundo, pero tiene entre el 10% y el 20% de todos los peces en todos los océanos.
- Ahí hay más peces por área que en cualquier otra área del océano en todo el mundo.

Cortés, Hernán Explorador español y CONQUISTADOR del siglo dieciséis (XVI). Cortés conquistó el imperio AZTECA con un grupo pequeño de hombres. La conquista comenzó el dominio de ESPAÑA en MÉXICO en el año de mil quinientos veintiuno *(1521)*.

- Cortés, como muchos de los conquistadores, fue motivado por la ambición personal. Querían ser ricos.
- Cortés dijo: "Nosotros los españoles sufrimos de una enfermedad que sólo el oro puede curar."

Conexiones
Bryce Hedstrom

* Costa Rica   País de CENTROAMÉRICA. NICARAGUA queda al norte, y PANAMÁ queda al sur. La ciudad más grande y capital del país es SAN JOSÉ.

- Costa Rica tiene mucha tierra dedicada a parques nacionales.
- Muchos gringos viven allá.
- Costa Rica es del tamaño del estado de West Virginia.

Cristo Redentor, El *(Christ the Redeemer)*   Es una estatua grande de Jesucristo que está en la cima de un monte en la ciudad brasileña de RÍO DE JANEIRO. Es una de las Nuevas Siete Maravillas del Mundo. Se puede ver al Cristo Redentor en muchas películas como *Río, Fast Five, Twilight* y *2012*.

* Cuba   Es un país y una isla en el MAR DE CARIBE. Su capital es La Habana *(Havana)*.

- Cuba está sólo noventa millas al sur de la Florida.
- Desde el año de mil novecientos cincuenta y nueve *(1959)* tiene un gobierno comunista.
- La REVOLUCIÓN CUBANA cambió el gobierno a uno comunista en el año de mil novecientos cincuenta y nueve *(1959)*.
- Fidel CASTRO fue el líder de la revolución.
- Los Estados Unidos tiene una base militar en Cuba que se llama Guantánamo.
- Cuba es del tamaño del estado de Pennsylvania.

Ecuador, el *(The Equator)*   Es la línea imaginaria que divide el mundo en dos partes, el HEMISFERIO NORTE y el HEMISFERIO SUR.

* Ecuador   Es un país pequeño en el noroeste de SUDAMÉRICA. Su capital es QUITO.

Conexiones
Bryce Hedstrom

- LAS ISLAS GALÁPAGOS pertenecen al país de Ecuador.
- EL ECUADOR pasa directamente por el centro del país de Ecuador.
- Ecuador es un país pequeño, pero tiene territorio tanto en el HEMISFERIO NORTE como en el HEMISFERIO SUR.
- Tiene montañas muy altas, pero también está en el ECUADOR, y por eso tiene un clima muy variado. Puede tener el clima de las cuatro estaciones del año en un día.
- La ciudad de QUITO tiene el nombre "la ciudad de la eterna primavera" por el clima fabuloso que tiene.
- QUITO es la segunda capital más alta del mundo (LA PAZ, BOLIVIA es la capital más alta).
- Ecuador es del tamaño del estado de Wyoming.

* **El Salvador** Es un país en la costa del OCÉANO PACÍFICO en CENTROAMÉRICA. GUATEMALA queda al norte y HONDURAS queda al este. La ciudad más grande y capital del país es SAN SALVADOR.

- El Salvador es el país más pequeño de todos los países que hablan el español.
- Tiene muchos problemas con las pandillas *(gangs)* violentas.
- Tiene playas buenas para practicar el *surfing*.
- El Salvador es del tamaño del estado de Massachusetts.

* **España** *(Spain)* Es un país en el suroeste de Europa. Su ciudad capital se llama Madrid.

Conexiones
Bryce Hedstrom

- España fue el antiguo colonizador de LATINOAMÉRICA.
- Hay muchas ruinas de los romanos en España, como los acueductos de Sevilla.
- Los moros, musulmanes del norte de África, controlaron gran parte de España por siete siglos.
- España es donde se originó el ESPAÑOL (¡Es obvio!).
- España es del tamaño de California.

Español *(Spanish)* Es la lengua oficial de veinte países en NORTEAMÉRICA y SUDAMÉRICA. Los CONQUISTADORES españoles dominaron gran parte del NUEVO MUNDO por tres siglos, del año mil quinientos veintiuno *(1521)* hasta el año mil ochocientos veintiuno *(1821)*. El español y el PORTUGUÉS vienen del LATÍN. Desde México hasta Argentina, la mayoría de la gente habla estas dos lenguas, y por eso la región al sur de los Estados Unidos se llama LATINOAMÉRICA.

Mapa Lingüístico de Latinoamérica

Gris [ ] = inglés
Amarillo [ ] = español
Verde [ ] = portugués
Azul [ ] = francés
Rojo [ ] = holandés *(Dutch)*

Española, La (En inglés se llama *HISPANIOLA*) Isla en el MAR CARIBE. Hay dos países en la isla, HAITÍ en el oeste, y LA REPÚBLICA DOMINICANA en el este.

Conexiones
Bryce Hedstrom

Falkland Islands, The Son un grupo de islas pequeñas en la parte sur del OCÉANO ATLÁNTICO al sureste de ARGENTINA.

- Se habla inglés en *The Falkland Islands*. No se habla ESPAÑOL.
- El Reino Unido *(United Kingdom)* les llaman *The Falkland Islands,* y dicen que son de ellos.
- En ARGENTINA les llaman las ISLAS MALVINAS, y dicen que son de ellos.
- Hubo una guerra entre los dos países sobre las ISLAS MALVINAS en el año mil novecientos ochenta y dos *(1982)*.
- Hay muchísimas ovejas en las islas. Hay doscientas veces (200x) más ovejas que personas
- El área de Las Islas Malvinas es igual al estado de Connecticut.

Galápagos, Las Islas *(The Galapagos Islands)*   Es un grupo de islas en el OCÉANO PACÍFICO al oeste del país de ECUADOR. Pertenecen *(they belong)* al país de ECUADOR.

- EL ECUADOR pasa directamente por las Islas Galápagos.
- EL CORRIENTE HUMBOLDT pasa por las islas y les da agua fría aunque están en el ECUADOR.
    - La temperatura del agua alrededor de las islas está entre sesenta y cinco (65°) y setenta (70°) grados, la cual que es muy fría para el agua en el ecuador.
    - A causa de la Corriente Humboldt, las Islas Galápagos no tienen un clima tropical.
    - También hay dos otros corrientes grandes que se juntan en las Islas Galápagos:
        - La Corriente Ecuatorial y la Corriente Ecuatorial del Norte.
        - La combinación de las tres corrientes trae una variedad increíble de vida a las islas.
    - En los años cuando *El Niño* calienta el agua, muchos de los animales alrededor de las islas se

mueren.
- Charles Darwin visitó las Islas Galápagos e inventó su teoría de la evolución gracias a las observaciones allí.
    - Darwin pensó en la idea de la evolución al observar los pájaros diferentes en las diferentes islas de las Islas Galápagos. Los pájaros de las diferentes islas tienen picos diferentes.
- Hay muchos animales únicos en las islas. Son especies que no viven en otras partes del mundo:
    - Hay iguanas marinas que pueden nadar en el océano.
    - Hay tortugas gigantes que pueden vivir por cientos de años.
    - Hay pingüinos que viven en el agua alrededor de las islas… ¡en el ECUADOR!
    - Hay focas que viven en el agua alrededor de las islas… ¡en el ECUADOR!
    - Hay muchos tipos diferentes de pinzones *(finches)* en las diferentes islas. Los pinzones también son famosos.

Iguana marina de Galápagos

Tortuga gigante de Galápagos

Pingüino de Galápagos

Charles Darwin

Gauchos Son los vaqueros *(cowboys)* de la ARGENTINA.

Golfo de California, el *(The Gulf of California)* Parte del OCÉANO PÁCIFICO que queda entre MÉXICO y Baja California. Es donde termina el Río Colorado.

Golfo de México, el *(The Gulf of Mexico)* Parte del OCÉANO ATLÁNTICO que está entre el sur de los Estados Unidos y la costa oriental de MÉXICO.

Conexiones
Bryce Hedstrom

Guadalajara Es la segunda ciudad más grande de MÉXICO, con más de cinco millones (5.000.000) de personas en su área urbana. En todo el país, solamente la Ciudad de MÉXICO es más grande.

Guadalupe, la Basílica de La Basílica de Guadalupe es una iglesia grande al norte de la CIUDAD DE MÉXICO La iglesia fue construida en el lugar donde un indígena que se llamaba JUAN DIEGO vio a **la VIRGEN** DE GUADALUPE.
- Visitar la Basílica de Guadalupe es uno de los viajes más populares entre los católicos de LATINOAMÉRICA y de todo el mundo.
- Más de veinte millones (20.000.000) de personas visitan la basílica cada año.
- Si la Basílica fuera un sitio turístico, sería uno de los sitios turísticos más populares del mundo, pero no es un lugar turístico, es un lugar religioso.

Guadalupe, La Virgen de *(The Virgin of Guadalupe)* La Virgen de Guadalupe es la Virgen María (la madre de Jesucristo) en la forma de una indígena. Según la leyenda, un indígena que se llamaba JUAN DIEGO vio a la Virgen el doce de diciembre del año mil quinientos treinta y uno *(1531)*.

- Antes de la aparición de la Virgen no había muchos indígenas que estuvieran convirtiendo a la religión católica—menos de quinientos *(500)* en diez años.
- Después de la aparición de la Virgen, más de ocho millones *(8* de indígenas en MÉXICO se convirtieron a la religión católica y fueron bautizados. Pocos años después, casi toda la gente indígena de LATINOAMÉRICA se convirtió al catolicismo.
- La Virgen de Guadalupe es la imagen religiosa y cultural más popular de MÉXICO. Es un símbolo de la gente mexicana.
- Nuestra Señora de Guadalupe es la santa patrona de las Américas (NORTEAMÉRICA y SUDAMÉRICA).
- El Día de Nuestra Señora de Guadalupe, el doce de diciembre. Es un día de fiesta muy importante en MÉXICO.

* Guatemala es el país de CENTROAMÉRICA más al norte. La ciudad más grande y capital del país se llama CIUDAD DE GUATEMALA.

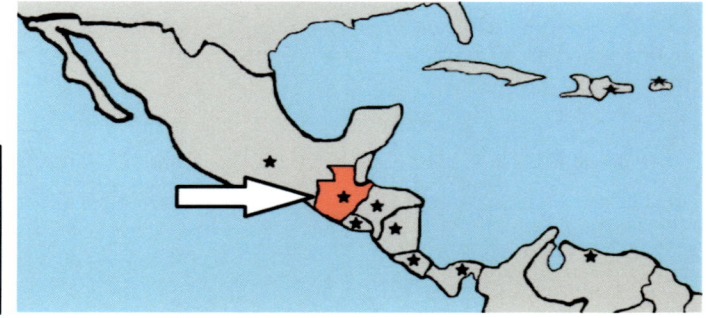

Conexiones
Bryce Hedstrom

- El bonito y famoso LAGO ATITLÁN está en las montañas al noroeste de la CIUDAD DE GUATEMALA.
- Guatemala también se llama "el país de la eterna primavera" a causa del clima fantástico que hay allí.
- Hay muchas ruinas de la civilización MAYA en Guatemala, como la ciudad antigua de Tikal.
- Hay muchos descendientes de los MAYAS en Guatemala.
- El símbolo nacional de Guatemala es un pájaro verde que se llama QUETZAL.
- El dinero de Guatemala también se llama QUETZAL.
- Guatemala es del tamaño del estado de Ohio.

----

* Habana, La *(Havana)*   Es la capital de CUBA.

* Haití   Es un país en la parte oeste de la isla de HISPANIOLA. Su capital se llama Port-au-Prince.
- Haití comparte la isla con LA REPÚBLICA DOMINCANA.
- Haití es uno de los países más pobres del mundo.
- Se habla francés en Haití.

Hemisferio norte, el   Es la parte del mundo al norte del ECUADOR.

Hemisferio sur, el   Es la parte del mundo al sur del ECUADOR.

Hispaniola (En español se llama LA ESPAÑOLA)   Es un isla en el MAR CARIBE. Hay dos países en la isla: HAITÍ al oeste, y LA REPÚBLICA DOMINICANA al este.

* Honduras Es un país en CENTROAMÉRICA al este de GUATEMALA. Su capital se llama TEGUCIGALPA.

Conexiones
Bryce Hedstrom

- Honduras es uno de los países más pobres de AMÉRICA CENTRAL.
- Las ruinas de la antigua ciudad MAYA de Copán son espectaculares.
- Honduras es del tamaño del estado de Tennessee.

Iguazú, Cataratas de *(Iguazú Falls)* Cascadas de agua muy grandes en la frontera entre BRASIL y ARGENTINA. Las Cataratas de Iguazú son las cascadas de agua más grandes del mundo. durante la mayor parte del año son mucho más grandes que las famosas Cataratas de Victoria en África entre Zimbabue y Zambia. Es una de las ***Nueva Siete Maravillas de la Naturaleza***.

Istmo de Panamá *(Isthmus of Panama)* Es un área de tierra muy estrecha en el país de PANAMÁ, al sur de CENTROAMÉRCIA, que está entre el OCÉANO PACÍFICO y el OCÉANO ATLÁNTICO. El CANAL DE PANAMÁ pasa por el Istmo de Panamá y es una ruta muy importante para barcos de carga.

Incas Gente indígena de SUDAMÉRICA que tenía una civilización avanzada en el oeste del continente. El centro de su imperio fue el área del país moderno de PERÚ. FRANCISCO PIZARRO, el famoso CONQUISTADOR español, conquistó el imperio inca en el año de mil quinientos treinta y tres *(1533)*.

Juan Diego Fue un indígena AZTECA que vio una aparición de la Virgen María (la madre de Jesucristo) en la forma de una indígena en el año mil quinientos treinta y uno *(1531)*, solamente diez años después de la CONQUISTA de MÉXICO. Juan Diego dijo que La Virgen le pidió que se construyera una iglesia grande en el sitio de la aparición. La iglesia es la BASÍLICA DE GUADALUPE, al norte de la Ciudad de MÉXICO. La Virgen de Guadalupe es la santa patrona de MÉXICO y de toda LATINOAMÉRICA.

----

* **La Paz** Una de las ciudades capitales de BOLIVIA. La otra ciudad capital del país se llama SUCRE.

Latín *(Latin)* Es la lengua antigua de Roma y del Imperio Romano. No se habla el latín en Latinoamérica. Se hablan el ESPAÑOL y el PORTUGUÉS. LATINOAMÉRICA se llama así porque allí se hablan el español y el PORTUGUÉS, y las dos lenguas vienen del latín.

Latinoamérica *(Latin America)* Consiste de las partes de NORTEAMÉRICA y SUDAMÉRICA donde se hablan el ESPAÑOL y el PORTUGUÉS.

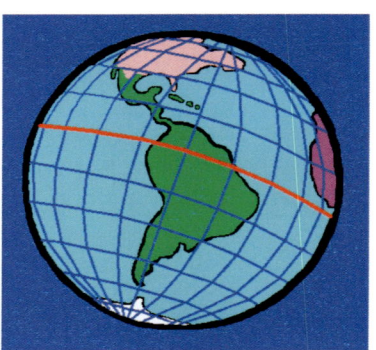

- Latinoamérica consiste de cuatro áreas: MÉXICO, CENTROAMÉRICA, EL CARIBE, y SUDAMÉRICA.
- El nombre Latinoamérica se refiere al LATÍN porque el ESPAÑOL y

Conexiones
Bryce Hedstrom

el PORTUGUÉS vienen de esta lengua antigua.

* Lima   Es la capital y la ciudad más grande de PERÚ. Fue fundada por FRANCISCO PIZARRO, el CONQUISTADOR de los INCAS en el año mil quinientos treinta y cinco *(1535)*

Machu Picchu   Es una ciudad antigua de los INCAS. Está en las montañas al sureste de LIMA, PERÚ cerca de la ciudad de Cusco. Machu Picchu es una de las Nuevas Siete Maravillas del Mundo *(The New Seven Wonders of the World)*.

La ciudad antigua de los Incas, **Machu Picchu**, está en las montañas de los Andes cerca de Cusco, Perú.

- Machu Picchu también se llama "la ciudad perdida *(lost)* de los Incas" porque por casi quinientos *(500)* años nadie en el mundo europeo supo dónde estaba la ciudad.
- La ciudad fue descubierta en el año de mil novecientos once *(1911)* por un profesor de historia de la Universidad de *Yale* en los Estados Unidos, un explorador de que se llamaba Hiram Bingham.

Magallanes, Fernando de *(Ferdinand Magellan)*   Fue un explorador portugués que exploró bajo el servicio del rey de España. Descubrió la ruta entre TIERRA DEL FUEGO y SUDAMÉRICA que se llama el ESTRECHO DE MAGALLANES. Magallanes fue el primer europeo para navegar el OCÉANO PACÍFICO y fue quien le dio su nombre *(the Pacific, or Peaceful Ocean).* Su expedición completó la primera circunnavegación de la Tierra en el año de mil quinientos veintidós *(1522)*.

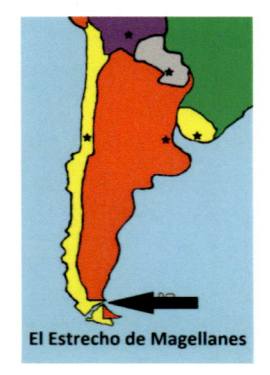

Magallanes, Estrecho de (*The Straight of Magellan*)   Es una ruta para los barcos en el sur de SUDAMÉRICA que pasa entre la PATAGONIA y la isla de TIERRA DEL FUEGO. El explorador FERNANDO DE MAGALLANES descubrió el Estrecho de Magallanes.

El Estrecho de Magellanes

Conexiones
Bryce Hedstrom

Malvinas, las Islas *(The Falkland Islands)* Son un grupo de islas pequeñas en la parte sur del OCÉANO ATLÁNTICO al sureste de la ARGENTINA.

- El Reino Unido *(United Kingdom)* las llama THE FALKLAND ISLANDS, y dice que son de ellos. 
- ARGENTINA las llama las Islas Malvinas, y dice que son de ellos.
- Hubo una guerra entre los dos países sobre las Islas Malvinas en el año de mil novecientos ochenta y dos *(1982)*.
- El área de Las Islas Malvinas es igual al estado de Connecticut.

* **Managua** Es la capital y la ciudad más grande de NICARAGUA.

Maracaibo, el Lago *(Lake Maracaibo)* Es un lago grande en el norte de VENEZUELA. Es importante porque hay mucho petróleo en el lago, lo cual le da mucho dinero al país.

Mariposa Monarca La mariposa monarca es un insecto fenomenal que hace largos viajes. En el otoño las mariposas monarcas viajan desde el norte de los Estados Unidos y el sur de Canadá hasta el centro de México. ¡Es un viaje muy, muy largo para una mariposa!

- En el otoño todas las mariposas monarcas en Norteamérica vuelan a solamente dos o tres valles en las montañas al noroeste de la CIUDAD DE MÉXICO.
- Las mariposas duermen en las valles todo el invierno.
- Las mariposas monarcas están en peligro de extinción. Hay menos mariposas cada año.

Mayas Era la gente que dominó CENTROAMÉRICA por muchos siglos. Construyeron pirámides grandes en GUATEMALA y en MÉXICO como las de CHICHÉN ITZÁ, Tikal, Uxmal y muchas otras.

* **México** Es un país en el sur de Norteamérica. Está al sur de los Estados Unidos y al norte de CENTROAMÉRICA. El GOLFO DE MÉXICO y el MAR DE CARIBE están al este. La ciudad más grande y capital del país es LA CIUDAD DE MÉXICO.

La bandera de México es verde, blanca y roja. En el centro, hay un águila comiendo una serpiente sobre un nopal, un símbolo de los Aztecas.

- México tiene la población más grande de todos los países que hablan ESPAÑOL en el mundo.
- El área de México también es grande.
    El territorio de México es del tamaño de Inglaterra, Francia, Alemania, España e Italia juntas.

Conexiones
Bryce Hedstrom

Es el decimotercero *(13º)* país más grande del mundo en área territorial.
   México es tres veces más grande que el estado de Texas.
 • LA CIUDAD DE MÉXICO es una de las ciudades más grandes del mundo.
   Tiene más de veinte millones de habitantes.
 • MÉXICO obtuvo su independencia de ESPAÑA en el año de mil ochocientos veintiuno *(1821)*.
 • Antes de los españoles, los AZTECAS y los MAYAS dominaron México.
 • La famosa ciudad de los mayas, CHICHÉN ITZÁ, está en la península Yucatán.
 • Hay otras ruinas de pirámides muy antiguas, como TENOCHTITLÁN, cerca de la Ciudad de MÉXICO.
 • La VIRGEN DE GUADALUPE es la santa patrona de México y es un símbolo importante del país.

* **México, La Ciudad de** Es la capital de MÉXICO.
 • Es una *Mega ciudad*: una de las ciudades más grandes del mundo, con una
   población de más de veintitrés millones (23.000.000) de habitantes.
 • Es dos veces más grande que *New York City* en los EE. UU.
 • La Ciudad de México es el centro político, comercial, cultural, y educacional de todo el
   país y de mucho del mundo español.
 • La BASÍLICA DE GUADALUPE, una iglesia dedicada a la VIRGEN DE GUADALUPE, está al
   norte de la ciudad.
 • La ciudad queda en el centro del país.
 • Fue construida sobre las ruinas de la capital de los aztecas, TENOCHTITLÁN.
 • Fue construida sobre un lago, así que los cimientos de la ciudad no son estables.

* **Montevideo** Es la capital y la ciudad más grande de URUGUAY. Está al norte del gran estuario, EL RÍO DE LA PLATA, que está entre Montevideo y BUENOS AIRES, ARGENTINA.

Narcotraficantes *(Drug traffickers)* Son las personas que venden drogas ilegalmente. Muchos países en LATINOAMÉRICA, como PERÚ, COLOMBIA y MÉXICO tienen problemas con la violencia causada por los narcotraficantes.

Nazca, las Líneas de *(The Lines of Nazca)* Son dibujos gigantes en el desierto cerca de la costa de PERÚ. Las Líneas de Nazca tienen formas de animales (pájaros, monos y arañas), de personas, y de muchas otras cosas diferentes. Son muy grandes y no se puede ver las formas enteras desde la tierra—hay que subir en avión para ver las formas. Desde el aire las líneas de Nazca son muy impresionantes. La gente de Nazca no tenía aviones y no podía volar, entonces ¿por qué hicieron los dibujó? Las líneas fueron dibujadas muchos años antes de la llegada de los INCA. Nadie sabe por qué los hicieron, pero hay muchas teorías. Los dibujos probablemente tuvieron una función ritual, y algunos indican dónde se puede encontrar agua. Algunas personas insisten en que son dibujos para los extraterrestres.

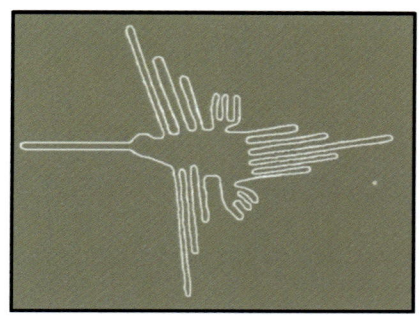

Conexiones
Bryce Hedstrom

Nazca: Un pájaro

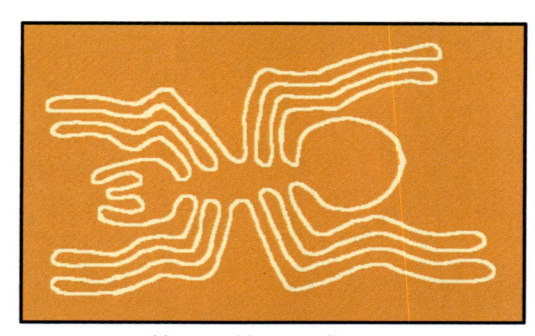

Nazca: Una araña

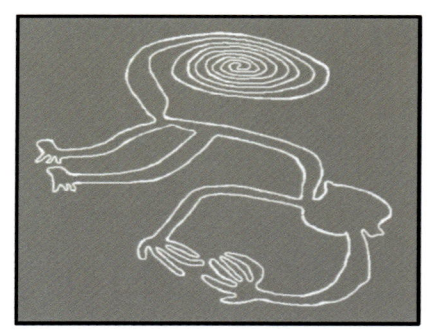

Nazca: Un mono

Nazca: Un ser humano

* **Nicaragua**   Es un país en AMÉRICA CENTRAL. El MAR DE CARIBE está al este. El país de COSTA RICA queda al sur, y HONDURAS queda al norte. La ciudad más grande y capital del país se llama MANAGUA.

- ¡Hay tiburones en el agua dulce del LAGO NICARAGUA!
    Es el único lago en el mundo que tiene tiburones.
- Nicaragua es el país más grande de AMÉRICA CENTRAL.
- Nicaragua es del tamaño del estado de Nueva York.

Nicaragua, el Lago *(Lake Nicaragua)* Es un lago grande en el país de NICARAGUA. Es el único lago de agua dulce en el mundo que tiene tiburones.

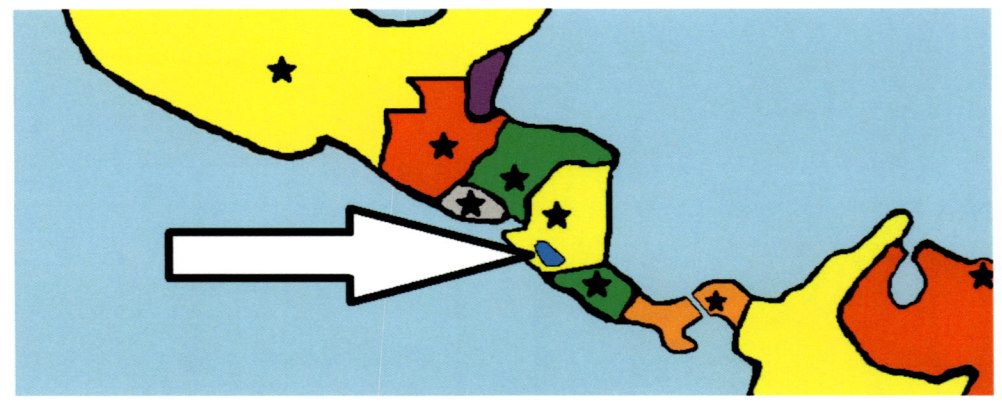

El Lago Nicaragua

Nuevo Mundo, el *(The New World)* Es los continentes de NORTEAMÉRICA, SUDAMÉRICA y el CARIBE. Se llama el "Nuevo Mundo" porque los europeos no sabían acerca de esta parte del mundo antes de los viajes de CRISTÓBAL COLÓN. El Viejo Mundo es Europa, Asia y África.

O'Higgins, Bernardo Es el padre de CHILE. Fue el libertador del país y su primer presidente. En Chile hay muchos parques, calles, escuelas y otros lugares que tienen el nombre *Bernardo O'Higgins*.

Pacífico, el Océano *(the Pacific Ocean)* El Océano Pacífico es el océano más grande del mundo. Queda al oeste de NORTEAMÉRICA y SUDAMÉRICA, y al este de Asia y Australia.
- El Océano Pacífico es la cosa más grande que hay en todo el planeta.
- Es la mitad *(1/2)* de toda la superficie *(surface)* de la tierra.

* **Panamá** Es el país en el ISTMO DE PANAMÁ que conecta a CENTROAMÉRICA con SUDAMÉRCIA. El país de COSTA RICA queda al oeste, y COLOMBIA queda al este. Su ciudad capital y ciudad más grande es la CIUDAD DE PANAMÁ.

- El famoso CANAL DE PANAMÁ pasa por el país de Panamá.
    - El canal conecta el MAR CARIBE y el OCÉANO ATLÁNTICO con el OCÉANO PACÍFICO.
    - Gracias al CANAL DE PANAMÁ, los barcos no necesitan ir alrededor de SUDAMÉRICA.
    - Estados Unidos controló el canal por 85 años (entre 1913 y 1999).
    - Desde 1997 China ha controlado el CANAL DE PANAMÁ.
    - La entrada del lado Pacífico del canal está más al sur que la entrada en el lado del Atlántico.
- Panamá es del tamaño del estado de Carolina del Sur.

* Paraguay Es un país en el interior de SUDAMÉRICA. Su capital es ASUNCIÓN.

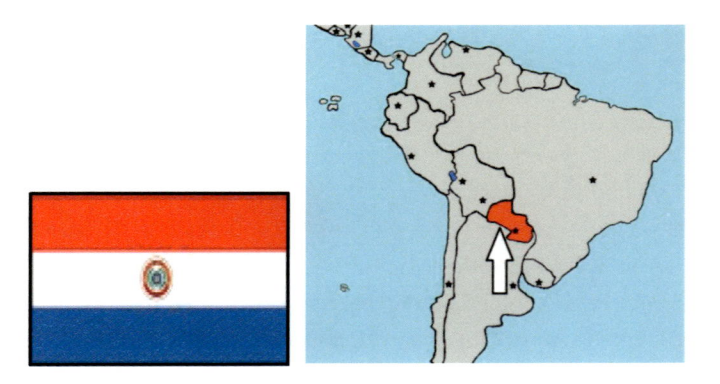

- No tiene costa en el océano. Es uno de los dos países en toda SUDAMÉRICA que no tiene costa.
- Paraguay tiene dos lenguas oficiales: el ESPAÑOL y el guaraní, una lengua indígena.
    La mayoría de la gente en Paraguay habla las dos lenguas.
- Paraguay es casi del tamaño del estado del California, pero con una población mucha más pequeña.
- Los duelos son legales en Paraguay, si los dos participantes son donadores registrados de sangre.

Pascua, la Isla de la *(Easter Island)* Es una isla pequeña en medio del OCÉANO PACÍFICO. Está a 2.000 millas al oeste de CHILE. La isla es políticamente parte de CHILE.
- La Isla de la Pascua es famosa por las cabezas gigantes de piedra que se llaman *moais*.
- Es la isla más aislada del mundo.

Patagonia, La   Es una región en el sur de CHILE y de ARGENTINA. La Patagonia es conocida por su paisaje hermoso y salvaje. Es un destino muy popular entre los turistas.

Península de Yucatán, la *(the Yucatan Penninsula)*   Es una península en el sureste de MÉXICO que separa el MAR CARIBE del GOLFO DE MÉXICO. Allí hay muchas ruinas de los mayas, incluso la famosa ciudad antigua de los MAYAS, CHICHÉN ITZÁ, con su magnífica pirámide, El Castillo.

* Perú   Es un país en la costa occidental de SUDAMÉRICA al norte de CHILE y al sur de ECUADOR.   La ciudad más grande y capital del país se llama LIMA.

Conexiones
Bryce Hedstrom

- LA CORRIENTE HUMBOLDT pasa por la costa oeste de Perú y le da muchos nutrientes a las aguas del OCÉANO PACÍFICO directamente al oeste de Perú y por eso hay muchos peces allí.
- EL RÍO AMAZONAS comienza en Perú.
- Un barco del océano puede navegar por el RÍO AMAZONAS desde el OCÉANO ATLÁNTICO hasta Perú.
- Perú comparte el LAGO TITICACA, el lago más alto y grande del mundo, con BOLIVIA.
- Las famosas e interesantes LÍNEAS DE NAZCA están en Perú. Cerca de Nazca hay dibujos grandes en la tierra de animales, pájaros, personas y otras figuras.

Hay dibujos gigantes en la tierra cerca de **Nazca**, Perú.

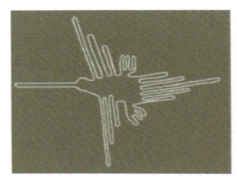

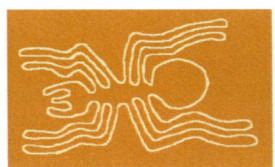

- La famosa ciudad antigua de los Incas, MACHU PICCHU, está en Perú. Está cerca de la ciudad de Cusco.

La ciudad antigua de los Incas, **Machu Picchu**, está en los Andes cerca de Cusco, Perú.

- Perú es un poco más pequeño que el estado de Alaska.

Pizarro, Francisco Explorador español y CONQUISTADOR de los INCAS en el año de mil quinientos treinta y tres *(1533)*.

Conexiones
Bryce Hedstrom

Plata, el Río de la   El Río de la Plata no es un río, sino un estuario *(estuary)* grande entre MONTEVIDEO y BUENOS AIRES. El Río de la Plata se llama así porque había una leyenda sobre una montaña de plata al norte del estuario.

Portugués   Es la lengua del país de Portugal. También se habla el portugués en BRASIL.

* **Puerto Rico**   Es una isla en el CARIBE que es asociada con EE. UU. Su ciudad capital es SAN JUAN.

- Puerto Rico no es un país. Es un territorio de los Estados Unidos.
- La gente de Puerto Rico puede votar en las elecciones presidenciales de EE. UU.
- El símbolo nacional es una pequeña rana que se llama el COQUÍ.
- Los primeros reportes de los CHUPACABRAS aparecieron en Puerto Rico en marzo de mil novecientos noventa y cinco *(1995)*.

- El área de Puerto Rico es dos veces más grande que el estado de Rhode Island.

Quetzal   Es un pájaro verde con una cola larga que vive en las selvas de GUATEMALA.   El dinero de GUATEMALA también se llama el quetzal. Uno de los dioses de los AZTECAS, Quetzalcóatl, tiene un nombre asociado con el quetzal. Quetzalcóatl era una serpiente verde con plumas.

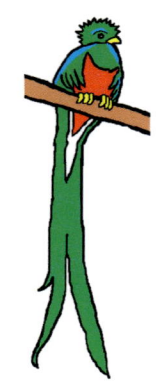

* **Quito**   Ciudad capital de ECUADOR. Quito está en el ECUADOR y a una gran altura en las montañas de los ANDES, y por eso tiene muy buen clima todo el año—ni hace mucho calor ni hace frío. Quito también se llama "la ciudad de la eterna primavera" por el buen clima que hace allí todo el año.

----

* **República Dominicana, la** *(The Dominican Republic)* Es un país en la isla de LA ESPAÑOLA *(HISPANIOLA)* en el MAR CARIBE. Su ciudad capital se llama SANTO DOMINGO.

Conexiones
Bryce Hedstrom

- La República Dominicana queda en la parte este de la isla de LA ESPAÑOLA *(HISPANIOLA en inglés)*
- Comparte la isla con el país de HAITÍ.
- La República Dominicana es del tamaño del estado de Hawái.

Revolución cubana, la *(the Cuban Revolution)* Fue una revolución en los años cincuenta *(1950's)* que quitó al presidente de CUBA, y estableció un gobierno comunista. Fidel CASTRO fue el líder de la revolución cubana.

Río de la Plata El Río de la Plata no es un río, sino un estuario grande entre las ciudades de MONTEVIDEO y BUENOS AIRES. El Río de la Plata se llama así porque existía una leyenda sobre una montaña de plata al norte del estuario.

Río de Janeiro Es una ciudad grande, bonita e importante en BRASIL. Está en la costa del ATLÁNTICO. Río de Janeiro es una ciudad famosa, pero no es la capital de BRASIL. Río es el sitio de los juegos olímpicos del año dos mil dieciséis *(2016)*. La famosa estatua grande de Jesucristo, que se llama CRISTO REDENTOR, está en un monte sobre la ciudad.

----

* **San José** Es la capital de COSTA RICA, y la ciudad más grande del país.

* **San Juan** Es la capital de PUERTO RICO, y la ciudad más grande del país. Está en el norte de la isla.

* **San Salvador** Es la capital de EL SALVADOR, y la ciudad más grande del país. Está en el centro del país.

* **Santiago** Es la capital de CHILE, y la ciudad más grande del país. Está en el centro del país.

* **Santo Domingo** Es la capital de la REPÚBLICA DOMINICANA. También es la ciudad más grande del país.

* **Sucre** Es una de las dos capitales del BOLIVIA. La otra capital del país se llama LA PAZ.

Sudamérica *(South America)* Es un continente en el hemisferio occidental que está conectado con NORTEAMÉRICA por el ISTMO DE PANAMÁ. En el siglo XVI *(16)* los portugueses exploraron y tomaron el territorio en el lado este del continente que hoy es el país de BRASIL, y los españoles tomaron el territorio en el lado oeste del continente y por eso hoy se habla el español en URUGUAY, ARGENTINA, CHILE, PARAGUAY, BOLIVIA, PERÚ, ECUADOR, COMOMBIA y VENEZUELA.

----

* Tegucigalpa   Es la capital de HONDURAS. También es la ciudad más grande del país.

Tenochtitlán   La ciudad capital de los AZTECAS. La moderna CIUDAD DE MÉXICO fue construida sobre las ruinas de Tenochtitlán.

Teotihuacán   Es una ciudad antigua cerca de la CIUDAD DE MÉXICO. Hay dos pirámides grandes e impresionantes en la ciudad: la Pirámide del Sol y la Pirámide de la Luna. Teotihuacán no fue construida por los AZTECAS. Nadie sabe quién construyó la ciudad.

Tepuis   Son mesetas (montañas grandes y planos) en el sur de VENEZUELA. El famoso SALTO DEL ÁNGEL viene de un tepui. Se puede ver los tepuis en la película *Up* (2009) de Walt Disney y también en la película *Arachnophobia* (1990). Los tepuis de Venezuela fueron la inspiración para la novela *The Lost World* de *Arthur Conan Doyle* (también fue el autor de las novelas de *Sherlock Holmes)*. El SALTO DEL ANGEL, la cascada de agua más alta del mundo cae desde un tepui grande.

Tierra del Fuego   Es un grupo de islas en el punto más al sur de SUDÁMERICA. Tierra del Fuego está separada del continente por EL ESTRECHO DE MAGALLANES. Fue descubierta por Fernando MAGALLANES en el año de mil novecientos veinte *(1520).*

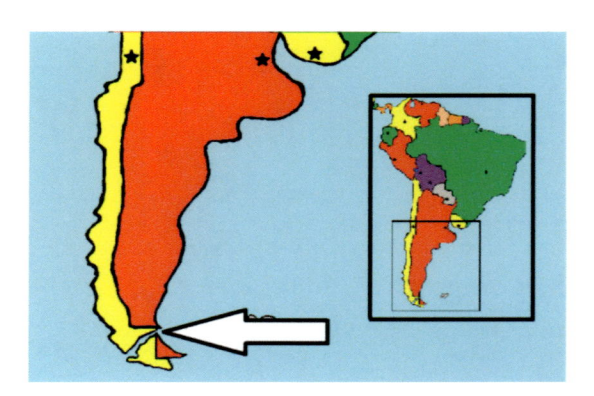

Titicaca, Lago *(Lake Titicaca)*   Es el lago más alto y grande del mundo. Está en el ALTIPLANO entre PERÚ y BOLIVIA. La gente indígena de Titicaca usa barcos similares a los barcos de Egipto y también de Polinesia.

----

* Uruguay   Es un país en la costa oriental de SUDÁMERICA. La ciudad más grande y capital del país es MONTEVIDEO.

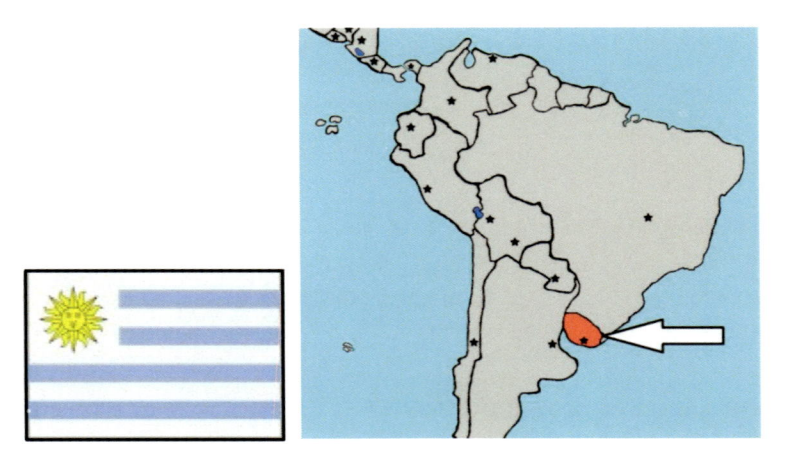

Conexiones
Bryce Hedstrom

- Uruguay es uno de los países más pequeños de AMÉRICA DEL SUR.
- El gran estuario, llamado el RÍO DE LA PLATA, separa a Uruguay de la ARGENTINA.
- EL RÍO DE LA PLATA está entre MONTEVIDEO y BUENOS AIRES.
- EL RÍO DE LA PLATA se llama así porque existía una leyenda sobre una montaña de plata al norte.
- Una de las playas más populares del este de SUDAMÉRICA, Punta del Este, está en Uruguay.
- Uruguay es un poco más pequeño que el estado de Washington.

----

* **Venezuela**   Es un país en el norte de SUDAMÉRICA. La ciudad más grande y capital del país es CARACAS.

- Venezuela es rico en petróleo y es un miembro de la *O.P.E.C.*
- Hay mucho petróleo en el LAGO MARACAIBO, en el norte del país.
- Venezuela podría ser el país más rico de Sudamérica a causa del petróleo.
- El nombre Venezuela viene de la ciudad de Venecia *(Venice)*, Italia porque los españoles pensaron que los pueblos alrededor del LAGO MARACAIBO eran similares a Venecia.
- La cascada de agua más alta del mundo, EL SALTO DE ÁNGEL, está en Venezuela.
- Venezuela es dos veces más grande que el estado de California.

Villa, Francisco "Pancho"   Pancho Villa fue un líder revolucionario del norte de MÉXICO. Villa y sus tropas invadieron el estado de Nuevo México en el año de mil novecientos dieciséis *(1916)* y los Estados Unidos y MÉXICO casi tuvieron una guerra.

Francisco "Pancho" Villa, un líder revolucionario mexicano.

Yucatán, península de   Es una península en el sureste de MÉXICO que separa el MAR DE CARIBE del GOLFO DE MÉXICO. Hay muchas ruinas MAYAS allí, como la ciudad antigua de CHICHÉN ITZÁ.

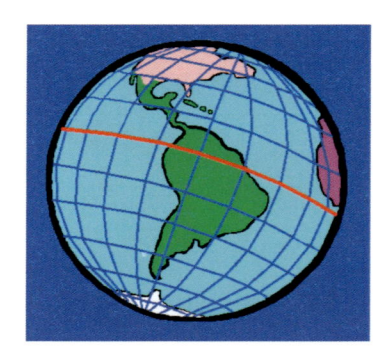

Conexiones
Bryce Hedstrom

GLOSARIO

This glossary contains the words that appear in the text except for the most commonly used short Spanish words (el, la, de, y, a, en, por, con, su, lo, o, etc.). Only the meanings of words that are used in the text appear below. Adjectives appear in the masculine, singular form, according to the tradition in the Spanish language. **Yellow highlighting** = Spanish/English cognates.

A

a causa de because of
abajo below
  los de abajo underdogs
abeja de miel honey bee
abrigo coat, cloak
abuela grandmother
ha aceptado had accepted
aceptar to accept
aceptaron they accepted
aceptó accepted
acerca de about
acueducto aqueduct
de acuerdo agreement
además (de) besides
admirar to admire
aeropuerto airport
agua water
  agua dulce fresh water
aguacate avocado
águila eagle
al ahogado to the drowned
aislación isolation
aislada isolated
aislamiento isolation
al to the, at the
alas wings
Alemania Germany
algo something
algunos some
allá over there
allí there
alimentar to feed
alpaca alpaca
alrededor de around
alta tall
altitud altitude
el Altiplano the High Plain
de alto tall
altura altitude
los amaba he loved them

amaban they loved
amazonas Amazon (river)
amazónica amazon (adj), amazonian
ancha wide
de ancho wide, in width
Los Andes The Andes
andino Andean, of the Andes
animal animal
ánimo courage, encouragement
Antártida Antarctica
antes de (que) before
antigüedad antiquity, ancient times
antiguo ancient
año year
aparece appears
  se le apareció she appeared to him
aparecer to appear
apareciera would appear
aparecieron they appeared
apareció it appeared
  se le apareció she appeared to him
aparición apparition
apariencia appearance
aquella(s) that (those)
árabes Arabs
araña spider
árbol tree
área area
armas arms, weapons
arriba above
arroz rice
artificial artificial
artículo article
así like that
así que so
asociado associated

asociamos we associate
ataca attacks
atacado attacked
aún even
aunque although
avanzada advanced
avión airplane
ayudar to help
aztecas Aztecs
azúcar sugar

B

bajo low
bandera flag, banner
barcos ships
basílica basilica, big church
batata sweet potato
batalla battle
bautizados baptized
biodiversidad biodiversity
bisonte bison
bosque forest
bonito pretty
brasileña Brazilian
brilla shines
bueno good
burro burro, donkey
buscando searching for
buscar to look for

C

caballo horse
caballo de mar sea horse
cabeza head
cabra goat
cacahuates peanuts
cacao cocoa
cachucha baseball cap
cacto cactus
cada each
cadena chain

cae it falls
café coffee
caiman caiman, alligator
caja box
calabaza pumpkin
calendario calendar
cálido warm
calle street
calor hot
cambiar to trade, change
cambiaron they (ex)changed
cambió changed
cambio a change
cambios exchanges, changes
camino road
camisetas T-shirts
canal canal
cantidad quantity, amount
caña cane
capibara capybara
característica characteristic
caribe Carribean
carne meat
carretera highway
cascada cascade, waterfall
casi almost
castaño brown (hair)
castellano Castilian (Spanish)
Castilla Castile (province in Spain)
castillo castle
catarata cataract, waterfall
católico Catholic (church)
a causa de because of
causado caused
cautiverio captivity
cazar to hunt
cebolla onion
celebración celebration
cenote sink hole
el centro the center

Conexiones
Bryce Hedstrom

cerca de — close to
cercanos — close by
cerro — hill
chile — chili
chino — Chinese
chileno — Chilean
chocolate — chocolate
chupacabras — goat sucker
chupado — sucked
chupar — to suck
cielo — sky, heaven
cigarillo — cigarette
cimientos — foundations
científicos — scientists
cientos — hundreds
cierto — certain
cima — top
circunnavegación — sailing around, circumnavegation
ciudad — city
civilización — civilization
lo clamó — claimed it
cobre — copper
cola — tail
Colón — Columbus
colonia — colony
colonizador — colonizer
combinar — to combine
come — eats
comenzó — started, commenced
comida — food
comidas de primera necesidad — staples
comido — eaten
comiendo — eating
comienza — starts, commences
como — like, as
comparte — it shares, comparts
completó — completed
comprado — (had) bought
comprar — to buy
conectado — connected
conectar — to connect
conectaron — they connected
conejo — rabbit
conexión — connection
conocer — to know
conocía — he knew
conocido — known
conocimiento — knowledge
conquistador — conqueror

conquistaron — they conquered
conquistó — he conquered
conservar — to conserve
se consideran — they consider
consiste — consists
construida — built, constructed
construyeron — they built
contener — to contain
contestar — to answer
contiguous — contiguous, touching one another
continente — continent
controlado — controlled
construcción — construction
construido — built
construir — to build, construct
construyeron — they built
construyó — built, constructed
continua — continues
contra — against
convenció — convinced
se convirtieron — were converted
cordillera — a chain of mountains
corriente — current
corta — short
cosa — thing
cosecharlas — to harvest them
costa — coast
creado — (were) created
creen — they believe
creer — to believe
creía — believed
crema — creme
criatura — creature
Cristo — Christ
Cristóbal Colón — Chistopher Columbus
cruzar — to cross
crucigrama — crossword
cuál, cuáles — which
en cuanto — as far as
cubana — Cuban
cuenta — tells a story
cuesta — it costs
cueva — cave
cui (cuyes) — guinea pig(s)

D

daño — damage, injury

dar a luz — to give birth
darle — to give you
dé — might give (dar)
debajo de — beneath
debe — must, should
debes — you should
debía — owed (deber)
decidió — decided
décimotercero — 13th
dedicada — dedicated
deja — lets, leaves (behind)
del — of the, in the
delfín — dolphin
los demás — all of the other
dentro de — within
derecha — right
se desaparezca — might disappear
descendientes — descendents
descubierto — (was) discovered
descubrieron — they discovered
descubrimiento — discovery
descubrió — he discovered
descubrir — to discover
desde — since, from
desfile — parade
desierto — desert
después — afterwards
después de — after
destinación — destination
se detienen — they stop
deudas — debts
día — day
día de fiesta — holiday
dibujo — a drawing
dibujó — drew
dibujada — drawn
dicho — (had) said
diciembre — December
dientes — teeth
le dieron — they gave him/her
dijo — said (decir)
les dijo — he told them (decir)
se dijo — said to himself (decir)
difícil — difficult
dinero — money
le dio — gave him
se los dio — she gave them to him
les dio ánimo — encouraged them
Dios — God
dioses — gods

directamente — directly
distrito — district
diversidad — diversity
divida — divides
se divierte — has fun
domesticado — domesticated
dominaban — they dominated
dominaron — they dominated
el dominio — dominion
dónde — where
drogas — drugs
duda — doubt
dulce — fresh (water); sweet
durante — during

E

e — and (y changes to e before i)
eclipse — eclipse
el Ecuador — the Equator
edificio — building, edifice
educado — educated, well-mannered
EE. UU. — U.S.A.
efectivamente — effectively
Egipcio — Egyptian
ejemplo — example
ejército — army
elecciones — elections
ellos — they
embarazada — pregnant
emperador — emperor
empezaron — they started
empezó — began, started
en — in
encima de — on top of
había encontrado — had found
encontrar — to find
encontraron — they found
encontró — found
enfermedades — diseases, infirmities
enfermo — sick, infirm
enfocar — to focus
enfrente de — in front of
enriqueció — enriched
entero — entire
entonces — so, then
entrada — entrance
entre — between
época — time period, epoch
equinoccio — equinox

Conexiones
Bryce Hedstrom

equivalente equivalent
era *it was* (ser)
eran *they were* (ser)
escala *scale*
escaleras *stairs, steps*
escenario *scenery*
esclavitud *slavery*
escribe *writes*
Escocia *Scotland*
escudo *emblem*
escuela *school*
escultura *sculpture*
espacio *space*
espaguetis *spaghetti*
España *Spain*
español *Spanish*
los españoles *the Spanish*
especialmente *especially*
espectacular *spectacular*
esperanza *hope*
esperar *to wait*
esquiar *to ski*
espectacular *spectacular*
está *is*
estaba *he was*
estableció *established*
estación *season*
estado *state*
estar *to be*
estatua *statue*
este *east; this*
esto(s) *this (these)*
estrecho *narrow*
el estrecho *the straight*
estrellas *stars*
estuario *estuary*
eterna *eternal*
Europa *Europe*
europeo *European*
eventualmente *eventually*
evidencia *evidence*
evolución *evolution*
exagerada *exaggerated*
exclamó *exclaimed*
expedición *expedition*
explicar *to explain, explicate*
explorador *explorer*
explorar *to explore*
exploraron *they explored*
exploró *explored*

se extiende *extends*
extinto *extinct*
extraño *strange*
extremo *extreme*

F
fabuloso *fabulous*
facilmente *easily*
famoso *famous*
fecha *date*
fiesta *party, feast*
   día de fiesta *holiday*
las Filipinas *the Philippines*
focas *seals*
se formó *was formed*
francés *French*
los franceses *the French*
Francia *France*
frecuentemente *frequently*
fresa *strawberry*
fresco *fresh, cool*
frío *cold*
frontera *border, frontier*
fruta *fruit*
fue *was, it was* (ser)
fue *went* (ir)
fuego *fire*
fuegos artificiales *fireworks*
si fuera *if it were*
si yo fuera *if were to go*
fueron *they were; they went*
fumar *to smoke*
fundada *founded*

G
gallinas *chickens*
ganar *to win*
   había ganado *it had won*
   ganado *(had) won*
   ganaron *they won*
   ganó *won*
garras *claws*
gato *cat*
gaucho *Argentine cowboy*
gente *people*
geografía *geography*
gigante *giant*
glosario *glossary*
golfo *gulf*

gobernantes *rulers*
gobierno *government*
gracias *thanks*
gran *great*
grande *big*
más grande *bigger*
griegos *Greeks*
gringos *Americans (slang)*
gris *gray*
Groenlandia *Greenland*
grupo *group*
guerra *war*
guerrero *warrior*
le gustaba *he liked*

H
ha *has (from haber)*
ha atacado *has attacked*
ha controlado *has controlled*
ha sido *has been*
ha tenido *it has had*
haber *to be*
   había *there was; had*
   habían *they had…*
hábitat *habitat*
habitantes *inhabitants*
hablan *they speak*
hace *ago; do, make*
hacer *to make*
hacerlo *to do it*
hacia *towards*
hacía muchos años
   many years before
han *they have…*
hasta *until*
hay *there is* (haber)
haz *do, make (command)*
hechas por *made by*
hecho de *made of*
de hecho *in fact*
helado *ice cream*
hembra *female (animal)*
hemisferio *hemisphere*
hermoso *beautiful*
hispano *Hispanic*
hispanohablante
   Spanish-speaking
historia *history, story*
hizo *did, made (hacer)*
le hizo *did for him*

hojas *leaves, sheets*
hombre *man*
hoy *today*
hoyo *hole*
hubiera *there may have been*
hubieran *they may have*
hubieron *they had* (haber)
hubo *there was* (haber)
humilde *humble*
se hunden *they are sinking*
hundirse *of sinking in*

I
iba a *was going to* (ir)
han identificado
   have identified
iglesia *church*
igual *equal, the same*
ilegalmente *ilegally*
la imagen *the image*
imaginaria *imaginary*
impacto *impact*
imperio *empire*
impresionante *impressive*
indígena *indigenous*
influente *influential*
Inglaterra *England*
iniciar *to initiate, start*
intercambio *exchange*
interesante *interesting*
internacional *international*
invadieron *they invaded*
invasores *invaders*
inventó *invented*
invierno *winter*
ir *to go*
Irlanda *Ireland*
irlandeses *the Irish*
irónico *ironic*
isla *island, isle*
Islandia *Iceland*
istmo *isthmus*
Italia *Italy*

J
jaguar *jaguar*
Japón *Japan*
jaula *cage*
Jesús *Jesus*
Jesucristo *Jesus Christ*

Conexiones
Bryce Hedstrom

joven young
joya jewel
juegos games
jugabas you played
julio July
juntos combined

L

lado side
   al lado de next to
lago lake
lamentablemente
   lamentably, sadly
largo long
de largo in length
lasaña lasagna
había leído had read
lengua language
levanta raise
leyenda legend
libertad liberty
libertador liberator
libra pound, lb.
líder leader
limón lemon
línea line
llama llama (animal)
llamar to call
   les llama calls them
   se llama it is called
las Grandes Llanuras
   the Great Plains
la llegada the arrival
llegar to arrive
llegaron they arrived
llegó arrived
llevar to bring, carry, take
llevaron they brought
llueve it rains (llover)
lluvia rain
lobo marino sea lion
luces lights
lucharon they fought
lugar a place
luna moon

M

macho male (animal)
magnífico magnificent
maíz corn
majestad majesty
mancha spot
mandar to send
mandó sent
mano hand
mantienen they maintain
manzana apple
mañana tomorrow
mapa map
mar sea
maravilla marvel, wonder
marinas marine
mariposa butterfly
marzo March
más more
más de more than
mascota pet
los mayas the Mayans
mayoría majority
mediano medium sized
medio middle
mediodía midday, noon
Mar Mediterráneo
   Mediterranean Sea
mares seas
marinero sailor, mariner
mataron they killed
mejor better
mejoraron improved, bettered
menos except, minus
a menos que unless
mes month
mesa table, mesa
mesetas high plains
mestizo mixed (blood)
metros meters
México, D.F. Mexico City
mide it measures
miedo fear
miembro member
mil 1,000
mil cuatrocientos noventa y dos 1492
milagro miracle
miles thousands
millas miles
millones millions
mina a mine
mismo same
misterioso mysterious
mitad half

moais giant carved stone
   heads from Easter Island
mojado wet
monarca monarch
mono monkey
monstruo monster
montaña mountain
monte mount, little mountain
moreno dark (skin, hair)
los moros the Moors, Muslims from northern Africa that invaded the Iberian Peninsula in the year 711. They controlled much of Spain and Portugal for almost 800 years.
movimiento movement
muchísimo a whole lot
muerte death
muerto dead
mundo world
el Mundo Nuevo
   the New World,
   North & South America
museo museum
musulmán Muslim

N

nadar to swim
nadie nobody
naranja orange
narcotraficantes drug dealers
naturaleza nature
navegador navigator, sailor
navegar to sail, navigate
necesidad necessity
necesitan they need
necesitaban they needed
necesito I need
ni neither, nor
el Nilo the Nile (river)
ningún none, not any
niño child
nivel level
noche night
nombre name
nopal edible cactus,
   prickly pear cactus
noroeste northwest
norte north
notable notable, remarkable
novecientos 900
noventa 90

nuestro our
nuevo new
nunca never
nutrients nutrients

O

o sea that is, i.e.
obra a work
observatorio observatory
obtener to obtain, get
occidental western, occidental
océano ocean
ochenta 80
ochocientos 800
octavo 8th
ocupan they occupy
oeste west
oído had heard
olímpicos Olympic
han olvidado have forgotten
O.P.E.C. Organization of Petroleum Exporting Countries (countries rich in oil)
orden order
oriental eastern, oriental
originalmente originally
oro gold
otoño autumn, fall
otra other, another
otra vez again
otros others
oveja sheep
oxígeno oxygen

P

palabra word
padre father
pagar to pay
pagara to pay
país country
paisaje landscape
pájaro bird
panamericana Panamerican, across the Americas
pandillas gangs
papa potato
papel paper
para for, in order to
para ir in order to go
para que so that

Conexiones
Bryce Hedstrom

parcial partial
parece seems, looks like
parque park
parte part
pasar to happen, pass
pasa por goes/passes through
el pasado the past
pasando passing
pasar to happen, pass
   pasó en it happened in
Pascua Easter
pato duck
patria homeland, fatherland
San Patricio Saint Patrick
santa patrona patron saint
pavo turkey
peces fish (plural of pez)
pedido (had) asked for
pedir to ask for
película movie
peligro danger
peligroso dangerous
península penninsula
pensaba he/she thought
pensar to think
pequeño small
perdida lost
pero but
perpetua perpetual, unending
perro dog
persona person
pertenecen they belong
a pesar de in spite of
petróleo petroleum, oil
pico peak
pidió asked for (pedir)
piedra stone
piénselo think about it
pierna leg
pie foot
piel skin
pingüino penguin
se pintan they paint their
piña pineapple
pirámide pyramid
piraña pirahna
pista de aterrizaje
   landing strip
planeta planet
plano flat

planta a plant
plata silver
plátano banana
playa beach
plumas feathers, plumes
población population
pobre poor
un poco a little
poder to be able to, can, may
   no podía was not able
   podría would be able to
   podría haber sido
      could have been
poderosa powerful
Polinesia Polynesia
políticamente politically
político political
por for, due to, through
por eso so
por ciento %, percent
porque because
por qué why
portugués Portuguese
posible possible
predecir to predict
preguntó asked a question
presidente president
principalmente mainly
primavera spring
primero first
primera necesidad
      staple (food)
probable probable
probablemente probably
problemas problems
produce produces
pronto soon, right away
propio own
próximo next
pudieran they could
pudo was able to (poder)
pueblo town
me puede dar can I have
puerco pig
puerto port
pulsera bracelet
pulgadas inches
punto point
pureza purity
puso he put

\- - - - - - - - - - - - - - -
Q
que that, than
quechua Quechua, indigenous language from Peru
queda lies, is located
se quedaba remained
se quedan they stay
quería wanted
quería ir wanted to go
quiero ir I want to go
quinientos 500
quinto 5th
quisiera would/may want
quitó removed
quizás perhaps, maybe
\- - - - - - - - - - - - - - -
R
rana frog
rancheras Mexican folk songs
rango range
raro rare, strange, weird
   ¡Qué raro! How strange!
raza race (of people)
razones reasons
reagruparon they regrouped
realidad reality
realmente really
recibe receives
reconocieron they recognized
reconquistado reconquered
redentor redeemer
redonda round
refiere refers
región region
reina queen
Reino Unido United Kingdom
relativamente relatively
repagar to repay
repagó repaid
reportes reports
resultado result
revolución revolution
rey King
los Reyes Católicos
  The Catholic Kings, Fernando and Isabel of Spain. They were famous/infamous for:
1) Their devotion to the Catholic faith
2) Uniting the country of Spain
3) Sponsoring Columbus
4) Expelling the last of the Moors from Spain
rico rich
río river
riquezas riches
Roma Rome (Italy)
ruinas ruins
ruta route
\- - - - - - - - - - - - - - -
S
sabe knows
sabe a tastes like
sabía he knew
no lo sabía he didn't know it
sabor taste, savor
sagrada sacred, holy
salto jump, fall
salió he left
salir to leave, go out, come out
salvaje wild, savage
sangre blood
santa patrona patron saint
sea might be (ser)
o sea that is
seco dry
según according to
segundo second
seguir to keep on
seguramente surely
seguro secure, sure
selva jungle
señora Mrs., lady, mam
separa separates
separado separated
ser to be; being
   sería it would be
   será would it be
serio serious
serpiente snake, serpent
setecientos 700
si if
sido been (ser)
siglo century
significa it means
significaba it meant
significar to mean/signify
sigue follows
siguiente following, next
símbolo symbol
sin without

Conexiones
Bryce Hedstrom

sino but
sirvan they may serve
sirve it serves
sistema system
sitio site, location
sobre over, about
sobrino nephew
sol sun
solamente only, solely
soldados soldiers
solo only
sombra shadow
sorpresa surprise
sostenible sustainable
sosteniblemente sustainably
soy I am
su their, its, her, his
subir to climb, go up
Sudáfrica South Africa
sudamericano
   South American
suelen they tend
Suiza Swiss; Switzerland
superficie surface
superpuesto superimposed
sur south
sureño southern
sureste southeast
suroeste southwest
sus their
- - - - - - - - - - - - - - -

T

tabaco tobacco
tamaño size
también also, too
tampoco neither
tan so, so much, as
tanques (army) tanks
tatuaje tatoo

té tea
Tejas Texas
telescopio telescope
templo temple
tendría would have
tener to have
tengo I have
tenía had
ha tenido it has had
he tenido I have had
teoría theory
termina it ends/terminates
al terminar when you finish
terremoto earthquake
territorio territory
tesoro treasure
tiburón shark
tiempo weather; time
tienda store
tiene que ver con
   has to do with
la tierra the earth
tierras lands
tilma cloak, blanket, cape
tío uncle
todavía still, yet
todos all
tomar to take
tomate tomato
tomó took
torre tower
tortuga turtle, tortoise
total total
tradicionalmente traditionally
trae brings
tributario tributary
trigo wheat
tristeza sadness
tropas troops

tundra tundra
turistas tourists
tuviera had (tener)
tuvieron they had (tener)
tuvo had (tener)
- - - - - - - - - - - - - - -

U

único unique, only one
se unieron they came together
universidad university
usaron they used
usted, Ud. You (formal)
útil useful
uvas grapes
- - - - - - - - - - - - - - -

V

vacas cows
vainilla vanilla
vaqueros cowboys
variedad variety
veces times
vegetal vegetable
venado deer
venden they sell
vender to sell
Venecia Venice (Italy)
venir to come
ver to see
verano summer
verde green
verificar to verify
en vez de instead of
había viajado had traveled
viajar to travel
viaje a trip, voyage
vida life
videojuego video game

viene comes (venir)
vienen they come
viento wind
vieja old
vieron they saw (ver)
vikingos Vikings
viniera would come (venir)
vinieron they came (venir)
vino came
vio he saw
violencia violence
la Vírgen the Virgin (Mary,
   the mother of Jesus Christ)
visitor to visit
visitó visited
visto seen
viva long live!
vivía used to live, lived
vivieran they may live
vivieron they lived
vivido lived
vivir to live
volar to fly
volcanes volcanoes
volvió returned
votar to vote
voy I am going
han vuelto have returned
vulnerabilidad vulnerability
- - - - - - - - - - - - - - -

Y

ya already, now
ya no no longer
- - - - - - - - - - - - - - -

Z

zócalo main square

ABOUT THE AUTHOR

Bryce Hedstrom's career goal has always been to be a better teacher. With experience, he also grew to wanting share what he has learned. His passion is helping teachers to be more successful and have more fun.

Bryce has a B.A. in Spanish and an M.A. in Curriculum and Instruction, but the biggest help to him as a teacher has been the on-going professional development at professional conferences and workshops, particularly ones like his state organization, the *Colorado Congress of Foreign Language Teachers* (CCFLT), offers. Bryce has taught since 1989 at the elementary, middle school, high school and college levels. He received the **Best of Colorado** award from CCFLT in 2008, and was elected **president** of CCFLT in 2015. He served on the executive board of the organization until 2018. He is also a regular presenter at regional, national and international conferences. Bryce conducts his own workshops as well as presenting seminars for the Bureau of Education and Research (BER).

As an adjunct instructor, Bryce taught conversational Spanish 1, 2 & 3 at the college level for 20 years at Aims Community College in Colorado where he received the prestigious **Award for Excellence in Teaching** from his colleagues and students. The core of his teaching is empathy and relationships delivered by storytelling, acting, reading, music, student engagement and plenty of laughter.

Bryce has also worked with clients in the business world including Fortune 500 corporations and influential regional companies. He has taught Spanish classes to businesses and has served as an editor and translator of corporate training materials and operations manuals. In the corporate world he has delivered corporate training to both Spanish-speaking employees and managers, as well as providing Spanish language classes to everyone from hourly employees to top corporate executives. He has also translated books and has done proofreading for publishing companies.

He lived in Chile as a teenager and since then, Bryce has traveled throughout Central America and South America, and most recently, Asia. Some of the most rewarding work he has done has been serving as an interpreter for short-term pediatric medical clinics in Mexico and Guatemala with a group of Colorado doctors, accompanied by high school students who speak Spanish as they entertain and teach the throngs of children waiting for medical help.

He developed a website, brycehedstrom.com, to share help and hope with teachers. On the website he promotes independent authors, writes a regular blog, offers many materials on his popular **Free Stuff** page, and sells quality educational products. Bryce also gives workshops, keynote addresses, and coaches teachers and administrators. He lives in Loveland, Colorado and can be reached by email at contact@brycehedstrom.com.